DIE ÄGYPTER

James Putnam

DIE ÄGYPTER

KULTUR UND MYTHEN

evergreen

Originaltitel:
An Introduction to Ancient Egypt

This book is produced by
Quantum Publishing Ltd
6 Blundell Street
London N7 9BH

Übersetzung aus dem Englischen:
Ingrid Hacker-Klier, Hebertsfelden

Produktion der deutschsprachigen Ausgabe:
Nazire Ergün, Köln

ISBN 978-3-8365-0260-3

Printed in Singapore

Inhalt

KAPITEL EINS

Die Erforschung Altägyptens

Obwohl Kultur und Sprache der alten Ägypter jahrhundertelang vergessen waren, wurden ihre eindrucksvollen Monumente von allen Europäern, die Ägypten bereisten, bestaunt und bewundert. Die antiken griechischen und römischen Schriftsteller berichteten über ihre Reisen in das Land am Nil, und während des Mittelalters zogen Pilger auf ihrem Weg ins Heilige Land durch Ägypten. Bis ins 19. Jahrhundert veröffentlichten viele Reisende ihre Eindrücke. Das alte Ägypten machte auf die einem klassischen Erbe verbundenen Europäer einen fremdartigen Eindruck. Während Griechisch und Latein weiterlebten und die europäische Kunst und Architektur ständige Neubelebungen erfuhren, erschienen die rätselhaften Hieroglyphen, die Götter mit den Tierköpfen und die exotischen Gewänder Altägyptens den Europäern damals ebenso seltsam und unergründlich wie uns heute.

Die ersten systematischen Untersuchungen der altägyptischen Kultur führten französische Wissenschaftler durch, die Napoleon 1798 auf seinem Feldzug nach Ägypten begleiteten. Etliche Künstler in diesem Stab sollten das Gesehene festhalten. Ergebnis dieser Arbeiten war das umfangreiche Werk *Description de l'Égypte*. 1799 entdeckten französische Soldaten an einem Ort namens Rosette das Fragment einer Basaltstele mit drei Inschriften: in altgriechischer Sprache sowie in spätägyptisch-demotischer und in altägyptischer Hieroglyphenschrift. Dieser zweisprachige Text sollte dem Franzosen Jean-François Champollion nach 20 Jahren intensiver Forschung den Schlüssel zur Entzifferung der Hieroglyphen liefern. Die Entschlüsselung der Inschrift zwischen 1822 und 1824 sowie die Veröffentlichung des 20-bändigen Werkes *Description de l'Égypte* 1809–1828 markieren die Geburt der Ägyptologie als eigenständige Wissenschaft.

Nach seiner Entzifferung der Hieroglyphen stellte Champollion gemeinsam mit einem Italiener namens Rosellini eine Expedition zusammen, um die ägyptischen Monumente detailliert zu dokumentieren. Beide brachten prachtvoll bebilderte Werke heraus, die zusammen mit den Bänden der *Description de l'Égypte* viel dazu beitrugen, Altägypten in ganz Europa bekannt zu machen. Allerdings wurden dadurch auch zunehmend Abenteurer, Händler und Reliquienjäger nach Ägypten gezogen, die zahllose Antiquitäten aus dem Land hinaustrugen. Man muss sich vor Augen halten, dass das Reisen in Ägypten

Oben: Jean-François Champollion (1790–1832) – der „Vater der Ägyptologie" und Entzifferer der Hieroglyphenschrift.

MITTELMEER
Alexandria
Sais
Tanis
UNTERÄGYPTEN
Heliopolis
Giseh
Kairo
Sakkara
Memphis
el-Fayum
SINAI
Nil
Beni Hasan
LIBYSCHE
WÜSTE
el-Amarna
OBERÄGYPTEN
ROTES
MEER
Abydos
Dendera
THEBEN
Deir el-Bahari
Karnak
Armant
Luxor
Esna
Hierakonpolis
Edfu
Kom Ombo
Assuan
Philae
NUBIEN
Abu Simbel

Oben: Der Tempel von Abu Simbel, Zeichnung des schottischen Künstlers und Forschungsreisenden David Roberts (1796–1864). Im 19. Jahrhundert waren viele alte Monumente von Sandverwehungen bedeckt.

Gegenüber: Französische Soldaten inmitten ägyptischer Ruinen: aus *Description de l'Égypte* (1809–1828), Frontispiz.

damals mühsam und gefährlich war und die Einwohner nicht immer freundlich waren. Erschwerend kamen das Klima und gefährliche Krankheiten hinzu.

Die schillerndste Persönlichkeit, die in die Ägyptologie eintauchte, war der Italiener Giovanni Battista Belzoni. Er war als Gewichtheber in einem Londoner Theater aufgetreten und nach Ägypten gereist, um eine von ihm entwickelte Wasserradkonstruktion zu verkaufen. Durch seine technischen Kenntnisse gelang es ihm 1818, eine riesige Granitbüste des großen Pharaos Ramses II. ins Britische Museum nach London zu transportieren. Dieses Projekt hatte Henry Salt, der britische Konsul in Ägypten, in Auftrag gegeben. Salt wurde selbst zu einem begeisterten Sammler altägyptischer Antiquitäten, und seine mithilfe von Belzoni zusammengetragenen Schätze sollten den Kern der altägyptischen Sammlung im Britischen Museum bilden. Beide Männer waren in längere und schwierige finanzielle Verhandlungen mit den Kuratoren des Museums verwickelt, die den Wert einiger Statuen bezweifelten, da ägyptische Kunstwerke im Vergleich zu Relikten aus der klassischen Antike als eher minderwertige Kuriositäten galten. Obwohl Belzoni als Archäologe ein Laie war, führte er in Ägypten einige erfolgreiche Ausgrabungen durch. So fand er das Grab von Sethos I., dem Vater Ramses' II., im Tal der Könige. Auch reiste er zu dem großen Tempel von Abu Simbel in Nubien. Über diese Funde veröffentlichte er einen populären Bericht in vier Sprachen und zeigte die Objekte 1821 in einer spektakulären Ausstellung in der Egyptian Hall in London.

Als Begründer der britischen Ägyptologie gilt Sir John Gardner Wilkinson, der viele Jahre in Ägypten mit dem Kopieren von Fresken und Inschriften und dem Erlernen der alten Sprache verbrachte. Er versuchte als Erster, die Dynastien und Könige in eine chronologische Reihenfolge zu bringen und überließ dem Britischen Museum viele bedeutende Antiquitäten. Mit seinem bekanntesten Buch, dem dreibändigen Werk *Manners and Customs of the Ancient Egyptians* (1837; Sitten und Gebräuche der alten Ägypter), das viele Jahre hindurch das Standardwerk über altägyptische Religion, Alltagsleben und Kultur war, machte er die Ägyptologie populär. Eine weitere Schlüsselfigur der Ägyptologie dieser Zeit war Robert Hay, der wie Wilkinson von keiner Organisation

Links: Giovanni Battista Belzoni (1778–1823), ein italienischer Ausgräber, Entdecker und Abenteurer, war die schillerndste Figur in der Ägyptologie des 19. Jahrhunderts.

Rechts: Henry Salt (1780–1827), der britische Konsul in Ägypten, dessen bedeutende Schätze von Altertümern den Kern der ägyptischen Sammlung des Britischen Museums bilden (Britisches Museum, London).

gefördert wurde. Er finanzierte selbst eine Reihe von wichtigen Expeditionen, die zu detaillierten Forschungen führten.

Diese fundierten Berichte erregten das Interesse von Regierungskreisen, sodass in den 1840er-Jahren der König von Preußen, Friedrich Wilhelm IV., eine wissenschaftliche Expedition ins Niltal durchführen ließ. Ihr Leiter war der deutsche Ägyptologe Karl Richard Lepsius, der bedeutende Antiquitäten für das künftige Berliner Museum sicherte und ein zwölfbändiges Werk mit dem Titel *Denkmäler aus Ägypten und Äthiopien* (1849–1859) herausbrachte. Es ist bis heute die umfassendste Publikation über ägyptische Antiken und noch immer ein wichtiges Nachschlagewerk.

Die Ägyptologie hatte sich bis dahin vor allem mit der Erforschung von Sprachen und Datierungen befasst, während die Ausgrabungen sehr unwissenschaftlich vonstatten gingen. Viele Inschriften und Papyri wurden bei der Suche nach scheinbar attraktiveren Antiquitäten zerstört. Der Franzose Auguste Mariette, der Antiquitäten für den Louvre sammelte, erkannte die Notwendigkeit, den Plünderungen Einhalt zu gebieten, und baute eine ägyptische Altertümerverwaltung auf. Er sorgte dafür, dass nur qualifizierte Wissenschaftler eine Grabungserlaubnis erhielten, und gründete das spätere Ägyptische Museum in Kairo. Einen neuen Maßstab methodischer wissenschaftlicher Archäologie setzte W. M. F. Petrie, der Grabungen in ganz Ägypten unternahm und zwischen 1881 und 1925 die Funde katalogisierte und analysierte.

Gegenüber: Farbige Zeichnungen von Henry Salt (1780–1827), dem britischen Konsul in Ägypten, mit der Darstellung gemalter Reliefs aus der Grabkammer von Sethos I. Salt war ein begabter Künstler und begeisterter Sammler, der dem Britischen Museum einige seiner bedeutendsten Skulpturen lieferte (Britisches Museum, London).

Oben: Die für das Britische Museum bestimmte Kolossalstatue des Pharaos Ramses II. in einer Zeichnung von Giovanni Battista Belzoni (1778–1823). Auf der Darstellung wird die Büste vor ihrer Reise nach England zum Nil gezogen. Belzonis erfolgreicher Transport einer so schweren Statue war eine sensationelle Leistung.

In den 1870er-Jahren wurde in Theben ein Felsenschacht mit den Mumien der meisten Pharaonen des Neuen Reiches entdeckt. Sie waren bereits im Altertum von den Priestern aus ihren ursprünglichen Ruhestätten entfernt und erneut bestattet worden, um ihrer Entweihung durch Grabräuber

Links: W. M. F. Petrie (1853–1942) war der aktivste, in Ägypten tätige Archäologe, der neue wissenschaftliche Methoden einführte und an die 1000 Veröffentlichungen herausbrachte.

Rechts: Sammlung von Töpfen aus dem Werk *Description de l'Égypte* (1809–1828), das ägyptische Altertümer in nie dagewesener Detailgenauigkeit verzeichnete.

EINE VERGLEICHENDE CHRONOLOGIE ALTÄGYPTENS

ZEIT	ÄGYPTEN	PERIODE	WELTWEIT
500 n. Chr.	Letzte bekannte demotische Inschrift Letzte Inschrift in Hieroglyphenschrift Königin Zenobia von Palmyra nimmt Ägypten ein Bauernaufstände und Bauernkriege Aufruhr in Alexandria Tod Kleopatras	Hellenistisch-römische Zeit	Klassische Periode der Maya-Kultur in Mittelamerika Plünderung Roms Gründung von Konstantinopel Mittlere Mochica-Kultur in Südamerika Baubeginn der bedeutendsten Gebäude in Teotihuacán Jüdische Diaspora in Ägypten Ausbruch des Vesuvs zerstört Pompeji Schlacht im Teutoburger Wald
0	Bau des Tempels von Edfu Rebellierende einheimische Herrscher in Theben Der Ptolemäer Lagos regiert als Pharao Alexander der Große in Ägypten Letzte einheimische Pharaonen	Ptolemäische Zeit 21.–30. Dynastie Spätzeit	Geburt Christi Der Buddhismus erreicht China Julius Cäsar fällt in Britannien ein Zerstörung Karthagos Hannibal überquert die Alpen Beginn der Vereinigung des chinesischen Reiches Tod des indischen Herrschers Ashoka Alexander der Große in Indien
500 v. Chr.	Die Perser erobern Ägypten Griechische Kolonien in Ägypten Invasionen der Assyrer Kuschitische Könige regieren Ägypten Scheschonk I. plündert Jerusalem Machtgewinn der thebanischen Hohepriester		Geburt Buddhas Nebukadnezar zerstört Jerusalem Die Meder zerstören Babylon Aufstieg indischer Städte Baubeginn der Chinesischen Mauer Gründung von Rom Die ersten Olympischen Spiele werden abgehalten Tod Salomos David regiert von Jerusalem aus Kultur von Chavín in Südamerika
1000 v. Chr.	Umfangreiche Grabplünderungen in Theben Ramses III. schlägt die Seevölker zurück Merneptah hält die libyschen Invasionen auf Zusammenstöße mit den Hethitern in Syrien Tutenchamun kehrt nach Theben zurück Echnaton gründet Achet-Aton (heute el-Amarna) Baubeginn des Tempels von Luxor Tuthmosis III. erobert Syrien Königin Hatschepsut regiert als Pharao	18.–20. Dynastie Neues Reich	Der Fall Trojas Olmekische Kultur in Mittelamerika Letzte Bauphase in Stonehenge Shang-Dynastie in China Untergang der minoischen Kultur

EINE VERGLEICHENDE CHRONOLOGIE ALTÄGYPTENS

ZEIT	ÄGYPTEN	PERIODE	WELTWEIT
1500 v. Chr.	Erste Grabstätte im Tal der Könige Amosis vertreibt die Hyksos Die Thebaner wenden sich gegen die Hyksos Die Hyksos erobern Memphis Avaris wird zur Hauptstadt der Hyksos Handel mit Asien, Afrika und den Inseln im Mittelmeer Baubeginn des Tempels von Karnak Festungsbauten in Nubien Neue Hauptstadt in Lischt (Itj-Tawy) Mentuhotep II. vereinigt Ägypten erneut	13.–17. Dynastie Zweite Zwischenzeit 11. –12. Dynastie Mittleres Reich	Hammurabi kodifiziert das Gesetz durch seine Gesetzestafeln
2000 v. Chr.	Bürgerkrieg zwischen Theben und Herakleopolis Pepi II. regiert möglicherweise 94 Jahre lang Indoeuropäer gelangen nach Anatolien Sonnentempel in Abu Gurab Expedition in das Land Punt (Somalia)	7.–10. Dynastie Erste Zwischenzeit 3.–6. Dynastie Altes Reich	Erste Keramikherstellung Früheste Eisenschmelze im Nahen Osten Die Unas-Pyramide werden erstmals mit Pyramidentexten versehen Sargon von Akkad Industalkultur von Indien Tontafelarchiv in Ebla
2500 v. Chr.	Cheops erbaut die Große Pyramide Erste echte Pyramide in der Nekropole von Dahschur Stufenpyramide in Sakkara Expeditionen nach Sinai und Nubien Handel mit Asien und dem tropischen Afrika Erste steinerne Bauten	1.–2. Dynastie Vor- und Frühzeit	Königsbestattungen in Ur
3000 v. Chr.	Erfindung der Hieroglyphenschrift Vereinigung von Ägypten, Gründung von Memphis Erstmals Produktion von glasierten Gefäßen Fertigung von Gefäßen aus hartem Stein Bemalte Tonwaren	Vordynastische Periode Naqada-II-Kultur	Erste Töpferwaren in Südamerika Die Sumerer führen die Schrift ein
3500 v. Chr.	Erste Produktion von steinernen Gefäßen Tongeschirr mit weißen Farbritzungen Erste Modelle menschlicher Figuren Metallbearbeitung Erstmals Produktion von rot polierter Keramik mit schwarzem Rand	Naqada-I-Kultur Badari-Kultur	
4000 v. Chr.	Anbau von Getreide und Flachs	Ägyptische Steinzeit	

zuvorzukommen. Nun wandten sich die Archäologen dem Tal der Könige in Theben zu, um die Lage der ursprünglichen Gräber festzustellen. Howard Carter, ein ehemaliger Assistent von Petrie, begann dort 1912 mit Ausgrabungen, die von Lord Carnarvon finanziert wurden. 1922 entdeckte er das Grab von Tutenchamun, das erste Pharaonengrab, das vollkommen intakt gefunden wurde. Der Reichtum an Gold und die Kunstfertigkeit der Grabbeigaben lösten eine ausführliche Berichterstattung in den Medien aus, die den fantastischen Vorstellungen vom alten Ägypten neue Nahrung gab.

Neben Gräbern legten die Archäologen Siedlungsstätten frei, die Informationen über das Alltagsleben der Ägypter lieferten. Die wichtigsten Entdeckungen wurden in der alten Stadt el-Amarna und dem Handwerkerdorf Deir el-Medina gemacht. In el-Amarna entdeckte im Jahr 1912 ein von Ludwig Borchardt geleitetes deutsches Team beim Ausgraben einer Bildhauerwerkstatt die berühmte Büste der Nofretete. Umfangreiche archäologische Dokumentationen, wie sie durch die Arbeiten von Norman de Garis Davies (1865–1941) initiiert wurden, waren für die Ägyptologie von großer Bedeutung. Davies wurde zum wichtigsten Zeichner ägyptischer Gräber, über die allein er mehr als 25 Bände veröffentlichte, während seine Frau Nina (1881–1965) farbige Reproduktionen der dortigen Wandmalereien schuf. Nach Davies führte die Universität Chicago, die mit ihrem Chicago House über eine Niederlassung in Luxor verfügt, wichtige Projekte durch. Diese von James Breasted gegründete Organisation hat einen erschöpfenden Bericht über die bedeutenden Tempel in Medinet und Abydos veröffentlicht. Darüber hinaus wurden viele fachbezogene Gesellschaften gegründet, die Ausgrabungen in Ägypten finanzieren und Zeitschriften herausgeben. Eine der berühmtesten Stiftungen ist die Egypt Exploration Society, die heute noch über die neuesten Entwicklungen der ägyptologischen Forschungen berichtet.

Obwohl die Schätze Tutenchamuns dem Kairoer Museum übergeben wurden, hat die ägyptische Regierung ihre Ausgrabungsgenehmigungen stark eingeschränkt. Das kulturelle Erbe soll nicht mehr ins Ausland gelangen. Wissenschaftler und Museen haben es heute daher auch schwer, finanzielle Unterstützung zu erhalten, seitdem sie ihre Funde nicht mehr behalten dürfen. Ab den 1950er-Jahren haben ägyptische Universitäten und andere ägyptische Institutionen viele Stätten selbst ausgegraben und eine wachsende Menge von Forschungsmaterial veröffentlicht. Doch in den 1960er-Jahren wandten sich die Ägypter mit der Bitte an die Weltöffentlichkeit, ihnen bei der Rettung ihrer bedeutenden nubischen

Gegenüber: Howard Carter (1874–1939) und sein Archäologenteam zu Pferd im Tal der Könige kurz vor der berühmten Entdeckung von Tutenchamuns Grab im Jahr 1922.

Rechts: Thebanische Grabmalerei. Farbiger Stich aus Rosellinis Werk (1832–1844), in dem mit großer Detailtreue ägyptische Monumente dokumentiert wurden.

Unten: Ramses II. in seinem Streitwagen. Farbiger Stich aus Champollions umfassendem Werk *Monuments de l'Égypte et de la Nubie* (1835–1845).

Oben links: Die Pyramiden von Giseh, ca. 2500 v. Chr.

Links: Büste Kleopatras, ca. 50 v. Chr. (Britisches Museum, London).

Oben: Howard Carter und Lord Carnarvon 1922 bei der Arbeit in der Grabkammer Tutenchamuns.

Ganz Links: Die Goldmaske Tutenchamuns.

Monumente zu helfen, denen durch den Bau des Assuan-Staudamms die Überflutung drohte. Ein internationales Konsortium von Unternehmern und Archäologen wurde gebildet, um den gewaltigen Felsentempel von Abu Simbel und andere Monumente auf einen höheren Platz zu heben.

Das Rettungsprojekt hat nicht nur detaillierte Dokumentationen und Vermessungen weiterer von Überflutungen bedrohter Stätten ermöglicht, sondern auch ein großes Interesse an Nubien hervorgerufen. Die Wissenschaftler behandeln jetzt die Erforschung Nubiens als eigenständigen Zweig der Ägyptologie, wobei die gegenwärtige Forschung sich auf die frühesten Siedlungen und das Königreich von Meroe konzentriert, dessen Blüte bis zum 4. Jahrhundert n. Chr. dauerte.

Die Ausgrabungstätigkeiten sind nur ein Teilbereich der Ägyptologie; viele Erkenntnisse ließen sich auch durch das Studium der Altertümer in Museen gewinnen. Die Kenntnis der Sprache ist und bleibt für die Ägyptologen stets von größter Wichtigkeit, können sie doch vieles den zahlreichen schriftlichen Quellen entnehmen, die als Inschriften auf steinernen Monumenten, Papyri, Tongefäßen und Kalksteinfragmenten überlebt haben. Das wichtigste Lehrbuch auf diesem Gebiet ist die berühmte ägyptische Grammatik von Sir Alan Gardiner. Dieses Wörterbuch erschien 1927 und hat es seitdem Generationen von Ägyptologen ermöglicht, die Hieroglyphenschrift zu erlernen. Große Fortschritte wurden auch bei der Entzifferung der schwierigen demotischen Schrift gemacht, doch warten immer noch viele Texte darauf, übersetzt und publiziert zu werden, die uns vielleicht neue Informationen über das alte Ägypten liefern können.

Heutzutage können alle Interessierten an Universitäten, Schulen und Volkshochschulen Wissen über das alte Ägypten erwerben. Ägypten als Reiseland wird immer beliebter und erschwinglicher, und viele Veranstalter haben Studienreisen mit Nilkreuzfahrten im Angebot, die von Ägyptologen und fachlich kompetenten Reiseleitern begleitet werden.

Moderne Ägyptologen verfügen über weit bessere Hilfsmittel als ihre Vorgänger. Wörterbücher, Listen der Königsdynastien und detaillierte Pläne der Ausgrabungsstätten helfen

Oben: Blick auf das Ramesseum in Theben im 19. Jahrhundert. Fotografie des Ägyptenreisenden Francis Frith (1822–1898), eines der bedeutendsten britischen Pioniere auf dem Gebiet der Fotografie.

Links: Aquarellzeichnung des berühmten Archäologen Howard Carter (1874–1939), der aus einer Malerfamilie stammte und ein ausgezeichneter Künstler war.

Oben: Dieses Detail des Mumienschreins von Pensenhor zeigt Thoth, den ibisköpfigen Gott, der Pensenhor in die Unterwelt führt.

Links: Obwohl in Ägypten nur noch wenige Obeliske stehen, gibt es über 50 von ihnen auf öffentlichen Plätzen in europäischen und amerikanischen Hauptstädten. Lithografie von David Roberts, ca. 1846.

ihnen bei ihren Forschungen. Auch das Studium von Museumssammlungen hat sich durch eine bessere Dokumentation der Artefakte in Computer- und Fotoarchiven weitgehend verbessert. Oft lassen sich neue Erkenntnisse durch die Anwendung modernster wissenschaftlicher Untersuchungsmethoden gewinnen, die bei der Datierung und Analyse des Materials helfen. Auf internationaler Ebene besteht durch Fachkonferenzen und das gegenwärtig so beliebte Ausstellungswesen mit Leihgaben ägyptischer Antiquitäten ein immer besserer Kontakt zwischen Ägyptologen.

Das alte Ägypten erstreckte sich über einen langen geschichtlichen Zeitraum und ein riesiges geografisches Gebiet. Unendlich viel ist von den Ägyptologen bereits erreicht worden, trotzdem gibt es einige geschichtliche Perioden und viele Pharaonen, von denen wir wenig oder gar nichts wissen. Das Studium bereits existierender Sammlungen wird fortgesetzt – doch darüber hinaus gibt es zweifellos noch zahllose Altertümer, die darauf warten, ausgegraben und erforscht zu werden.

Oben: Auguste Mariette gründete die ägyptische Altertümerverwaltung und das Kairoer Museum. Er leitete viele bedeutende Ausgrabungen und veröffentlichte zahlreiche Bücher über Ägyptologie.

Gegenüber: Grabkammer der Königin Nefertari, Aquarellzeichnung von Nina Davies (1881–1965). Solche Dokumentationen sind heute sehr wertvoll, da viele Grabmalereien stark verblasst sind.

KAPITEL ZWEI

Die Pyramiden

Neben den drei Pyramiden von Giseh sind in Ägypten weitere 80 bekannt, und im Sudan erheben sich über 100 solcher Bauwerke, allerdings aus späterer Zeit und mit weniger gewaltigen Abmessungen. Doch ihre Bauweise, die Größe und die Nähe zu Kairo haben die Pyramiden von Giseh zu den berühmtesten gemacht. Als Einziges der Sieben Weltwunder des Altertums haben sie bis heute überdauert.

Ungeachtet vieler fantasievoller Theorien waren diese Pyramiden einfach nur Grabstätten der Pharaonen. Sie enthielten Sarkophage und wurden am Westufer des Nils errichtet, wo die Ägypter traditionell ihre Toten bestatteten. Wie alle Pyramiden gehörten sie zu weitläufigen Nekropolen. Eine solche Gräberstadt bestand aus Totentempeln und Gräbern, in denen auch andere Mitglieder der königlichen Familie und des Hofes sowie Priester und Würdenträger beigesetzt wurden.

Bis zur 3. Dynastie war die traditionelle Form des königlichen Grabes die Mastaba. Es handelte sich dabei um rechteckige Bauwerke mit Flachdach und leicht abgeschrägten Seiten. Jedes Grab hatte mehrere unterirdische Räume und in der Mitte eine mit Steinquadern ausgekleidete Grabkammer. Die gewöhnlich aus Lehmziegeln errichteten Mastabas glichen prähistorischen Hügelgräbern. Die älteste erhalten gebliebene Pyramide, die berühmte Stufenpyramide in Sakkara, war selbst ursprünglich als Mastaba konzipiert. Irgendwann wurden die Pläne verändert, und der Baumeister schichtete sechs kleiner werdende Mastabas übereinander, bis sechs Stufen entstanden waren.

Diese Stufenpyramide wurde um 2650 v. Chr. für König Djoser, den ersten König der 4. Dynastie, vom Hofarchitekten Imhotep gebaut. Sie ist das älteste, ganz aus Stein errichtete Bauwerk der Welt. Die Stufenpyramide ist das bedeutendste Element in einem riesigen Gräberkomplex mit Kultbauten und Festhöfen, die anlässlich der Begräbnisrituale für den toten König als Bühne fungierten. Diese Steinbauten sind von großer archäologischer Bedeutung, denn sie haben dort über-

Oben: Die Pyramiden von Giseh sind zweifellos die berühmtesten dieser ehrwürdigen Monumente, doch gibt es in ganz Ägypten insgesamt Überreste von 80 Pyramiden.

lebt, wo die meisten früheren Lehmziegelbauten zerfallen sind. Ursprünglich waren sie von einer langen Schutzmauer umschlossen. Zu ihrer Zeit muss diese Mauer aus strahlend weißem Kalkstein mit der in ihrer Mitte aufragenden Pyramide einen majestätischen Anblick geboten haben. Das Bauwerk, das am Rand eines Plateaus mit Blick über die alte Hauptstadt Memphis in den Himmel ragte, stellte für die Ägypter zweifellos ein großartiges Symbol der ewigen Macht ihres Gottkönigs dar. Die scharfen Grate der Pyramide verwitterten im Laufe der Zeit, und ihre feine Kalkstein-Ummantelung wurde von Plünderern aufgebrochen, doch ist sie mit ihrer Höhe von 60 Metern noch immer beeindruckend. Die Mumie König Djosers wurde nie gefunden, da die Pyramide wie die meisten Gräber schon im Altertum ausgeraubt worden ist. Allerdings hat man zwei Alabaster-Sarkophage entdeckt, von denen einer die Gebeine eines Kindes enthielt, während im selben Stollen an die 30 000 Vasen, Schalen und Platten aus wertvollem Stein ans Licht kamen.

Im Jahrhundert vor dem Bau der Pyramiden von Giseh erlebte die Pyramide mehrere Entwicklungsstufen. Einige Kilometer südlich von Sakkara erbaute König Snofru die sogenannte Knickpyramide. Sie ist nicht gestuft, sondern hat schräg abfallende Seitenwände, allerdings mit einer seltsamen Korrektur des Neigungswinkels, denn die Seitenwände „knicken" in der Mitte leicht ein. In Medum errichtete er eine weitere Pyramide, die ursprünglich wohl gestuft war, dann aber schräge glatte Seitenwände erhielt. Verkleidung und äußere Schichten des Mauerwerks wurden in späterer Zeit zerstört, doch der monumentale Steinkern hat bis heute überlebt. Snofrus Sohn und Nachfolger war wahrscheinlich Cheops, der den imposanten Platz in der Totenstadt Giseh auswählte, um dort die vollkommenste und beeindruckendste Pyramide von allen, die Große Pyramide, zu errichten.

Oben: Die Stufenpyramide in Sakkara neben der Mastaba-Grabstätte, aus der sich ihre Form entwickelte.

Unten: Die um 2650 v. Chr. erbaute Stufenpyramide König Djosers in Sakkara ist die älteste erhalten gebliebene Pyramide.

In ihrem ursprünglichen Zustand war die Große Pyramide etwa 147 Meter hoch und soll Schätzungen zufolge einst aus 2 300 000 Steinblöcken bestanden haben. Ihre Grundfläche ist groß genug, um die Kathedralen von Florenz und Mailand sowie die Peterskirche in Rom, dazu die St.-Pauls-Kathedrale und Westminster Abbey in London aufzunehmen. Napoleon schätzte, dass die Steinblöcke der drei Pyramiden von Giseh ausgereicht hätten, eine drei Meter hohe und 30 Zentimeter dicke Mauer um ganz Frankreich zu ziehen.

Die Fluchtlinien der Großen Pyramide sind erstaunlich genau angelegt. Die vier Seiten von ursprünglich je 230 Metern Länge wurden sehr exakt nach Norden, Süden, Osten und Westen ausgerichtet. Diese Fluchtungen sind so präzise, dass man heute den Kompass danach richten kann – eine erstaunliche Leistung, wenn man bedenkt, dass den alten Ägyptern der magnetische Kompass nicht bekannt war. Diese Genauigkeit konnten sie vermutlich durch die Beobachtung

Oben: Die Pyramiden von Giseh – die Große Pyramide des Cheops (ganz links) und die Pyramiden von Chephren (Mitte) und Mykerinos. Die drei weit kleineren Nebenpyramiden waren für Königinnen bestimmt.

Der Pyramidenkomplex von Giseh

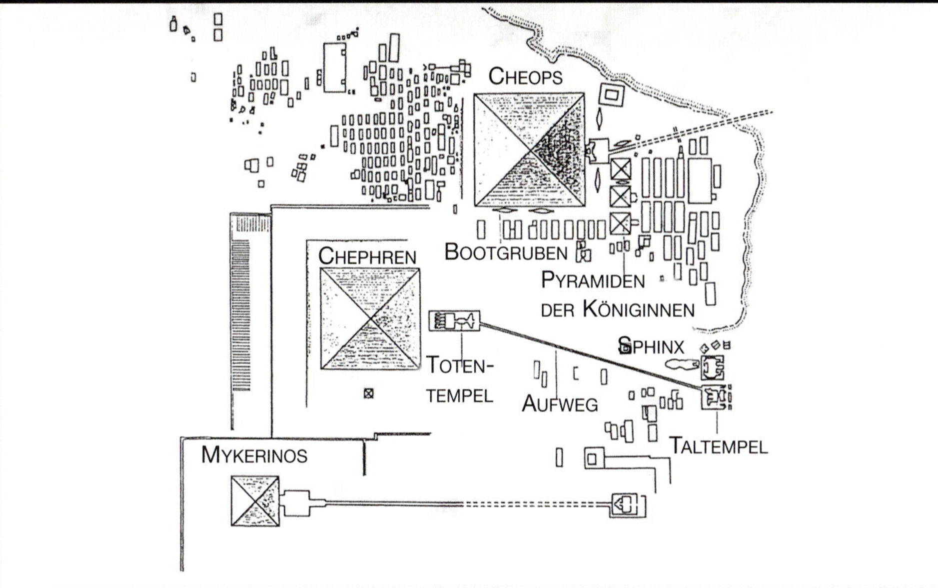

Querschnitt der Cheops-Pyramide

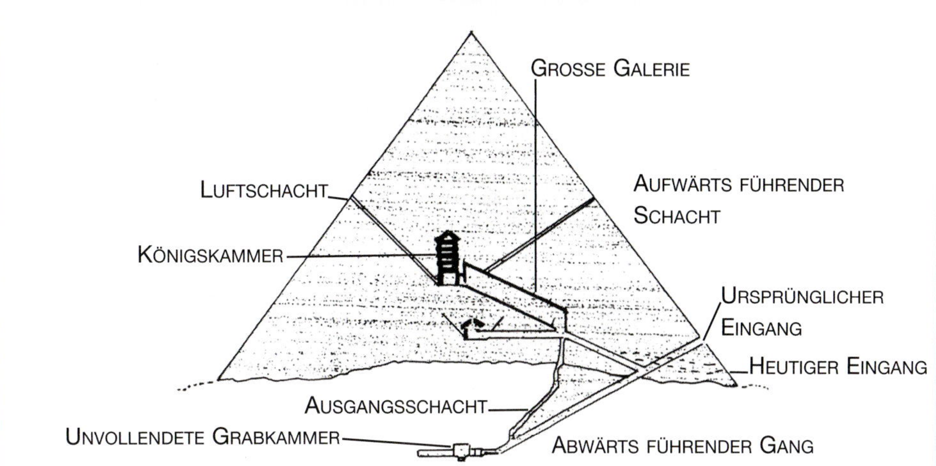

Die Pyramidenkonstruktion

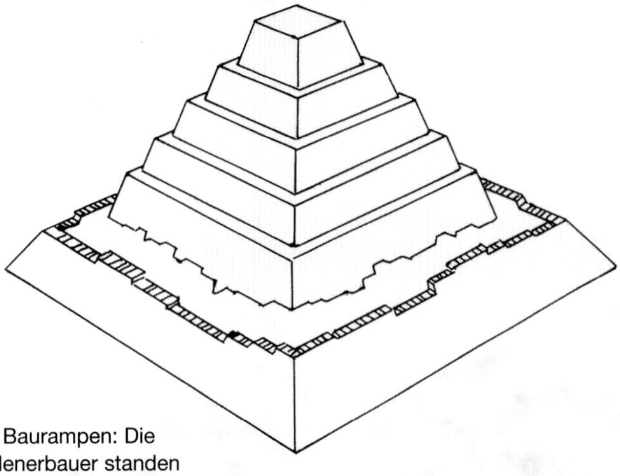

Links: Innere Konstruktion: Die meisten echten Pyramiden bestehen in ihrem Inneren aus einem zentralen steinernen Baukern, dessen Form aus mehreren aufeinandergeschichteten Mastabas gebildet wird, die nach oben immer kleiner werden. So entstand eine Stufenstruktur, die dem Bau Stabilität verlieh. Mit Steinblöcken wurden die Zwischenräume der Stufen aufgefüllt, und das gesamte Bauwerk erhielt eine Kalksteinverkleidung.

Unten: Es gibt viele Theorien zur Konstruktion der Rampen an der Pyramidenbaustelle. Unter der Voraussetzung, dass die Stufenpyramide im Inneren der Pyramide zuerst errichtet wurde, könnten die Rampen von einer Stufe zur nächsten verlaufen sein, statt sich im rechten Winkel an die Pyramidenfassade zu schieben.

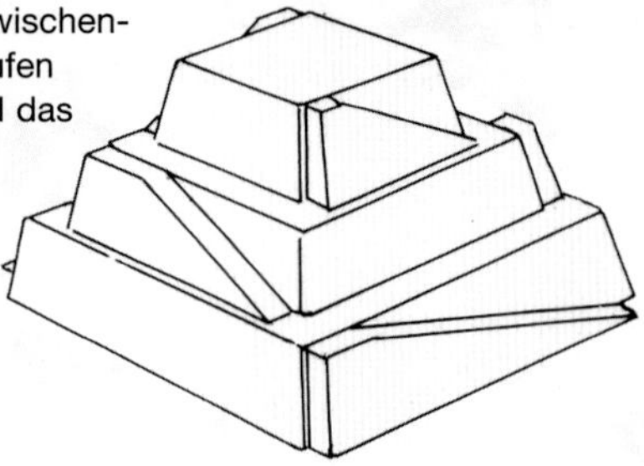

Rechts: Baurampen: Die Pyramidenerbauer standen vor der Aufgabe, die schweren Steinblöcke auf die erforderliche Höhe zu bringen. Die einzige nachweisbare Methode der alten Ägypter basiert auf einem System von Rampen. Diese wurden aus Lehmziegeln und Geröll errichtet, um die Blöcke auf Schlitten nach oben ziehen zu können (Transport auf Rädern gab es damals nicht). Während die Pyramide emporwuchs, wurde die Rampe verlängert, an der Basis verbreitert und damit stabilisiert. Wahrscheinlich wurden mehrere Rampen an verschiedenen Seiten errichtet.

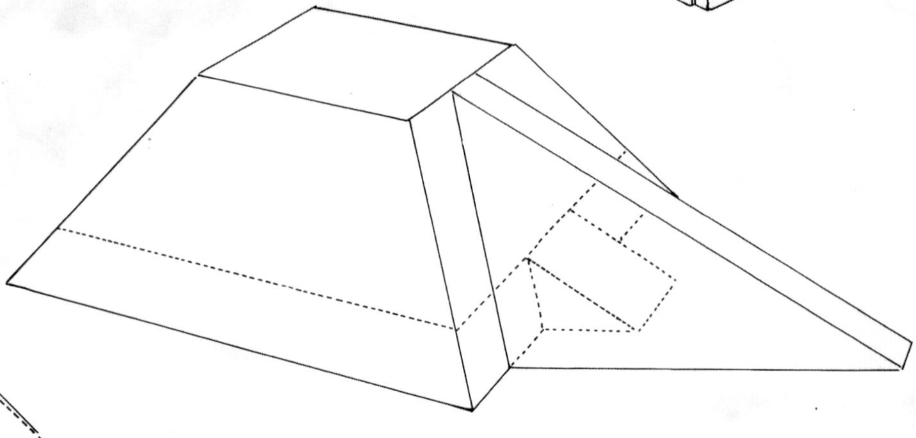

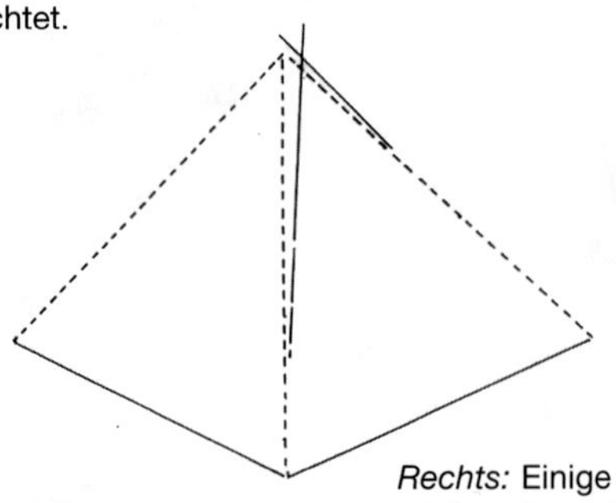

Oben: Geometrische Präzision: Der geringste Irrtum im Steigungswinkel einer Pyramide hätte zu schwerwiegenden Fehlern geführt. Die Prinzipien der Pyramidenkonstruktion sind uns bekannt, aber das genaue Vorgehen von damals bleibt ein Geheimnis.

Rechts: Einige der Pyramidenmaße zeigen eine genaue Umsetzung mathematischer Formeln, etwa π (z. B. Höhe der Pyramide $= \frac{\text{Umfang der Basis}}{2\pi}$)

Die mathematischen Kenntnisse der Ägypter dürften nicht genügend fortgeschritten gewesen sein, um zu dieser Gleichung zu kommen, aber sie könnte „zufällig“ entstanden sein, z. B. durch das Vermessen von Entfernungen durch die Umdrehungen einer Trommel.

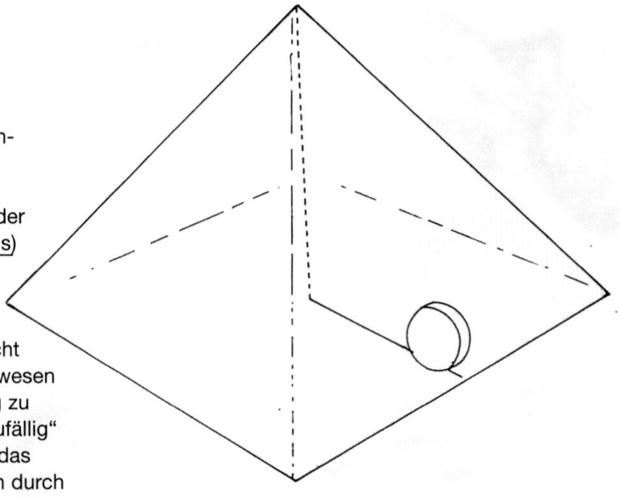

der Gestirne, der Zirkumpolarsterne, erlangen. Die Kardinalpunkte Norden und Süden könnten durch Messungen mit dem Lot festgelegt worden sein.

Die Steinblöcke der Pyramide setzen sich aus drei verschiedenen Steinsorten zusammen und stammen aus drei verschiedenen Quellen. Das für den Kern verwendete Gestein – der Hauptanteil des Materials – ist ein Kalkstein minderer Qualität, der in der Nähe natürlich vorkommt. Die feineren weißen Kalksteinblöcke der Ummantelung, die einst die gesamte Oberfläche der Pyramide bedeckten, kamen aus einem Steinbruch im nilaufwärts gelegenen Tura. Die schwersten Blöcke, von denen einige über 50 Tonnen wiegen und die zur Auskleidung der inneren Kammern und Gänge dienten, wurden in Assuan, in etwa 800 Kilometer Entfernung, gebrochen. Fast alle Steinbrüche, die diesen Stein lieferten, lagen ebenso wie die Pyramiden nahe an den Ufern des Nils, sodass der Fluss zum Transport der Steine genutzt werden konnte. Jede Pyramide hatte einen Aufweg, der sie mit dem Nil verband. Über diesen wurden die Steinblöcke auf Schlitten zur Baustelle gezogen. Später wurden die aus den Felsen geschlagenen Straßen als Prozessionsweg genutzt.

Der Bedarf an so großen Mengen von Steinen erforderte gewaltige Arbeitsleistungen im Steinbruch. Die alten Ägypter besaßen kaum mehr als primitive Kupfermeißel, sodass sie eine spezielle Technik entwickelt haben müssen, um die Steinblöcke aus den Felswänden zu brechen und zu behauen.

Gegenüber: Der stolze Gesichtsausdruck von König Chephren, dem Erbauer der zweiten Pyramide von Giseh, reflektiert die höchste Macht des Pharaos im Alten Reich. Der seine Flügel schützend um den Kopf des Pharaos spreizende Falke repräsentiert Horus, den Gott der Könige, ca. 2540 v. Chr. (Museum Kairo).

Oben: Die Pyramide in Medum stellt den Übergang von der Stufenpyramide zur echten Pyramide dar. Sie war ursprünglich als Stufenpyramide konzipiert und wurde dann durch eine zusätzliche Kalkstein-Ummantelung zur echten Pyramide. Doch der so entstandene gewaltige Druck führte zu ihrem partiellen Einsturz.

Der weichere Kalkstein ließ sich leichter schneiden als der harte Granit. Der Kalkstein minderer Qualität konnte im offenen Tagebau gebrochen werden, doch zur Gewinnung des feineren Tura-Kalksteins und des Granits musste man Stollen in die Felsen schlagen. Auch Kupfersägen fanden Verwendung, vielleicht mit Zähnen aus Edelstein, um das Schneiden zu erleichtern. Zur Bearbeitung des Granits trieb man mit Hämmern aus hartem Dolorit Spalten in den Stein. In diese Spalten wurden Holzkeile geschlagen, die sich – mit Wasser getränkt – auszudehnen begannen und den Granitstein sprengten. Dann wurden die Blöcke mit Hammer und Meißel in Form gebracht. Die meisten Kalksteinblöcke, die den Kern der Pyramide bildeten, waren nur grob behauen, doch die

Höhenvergleich der Pyramiden mit anderen berühmten Konstruktionen

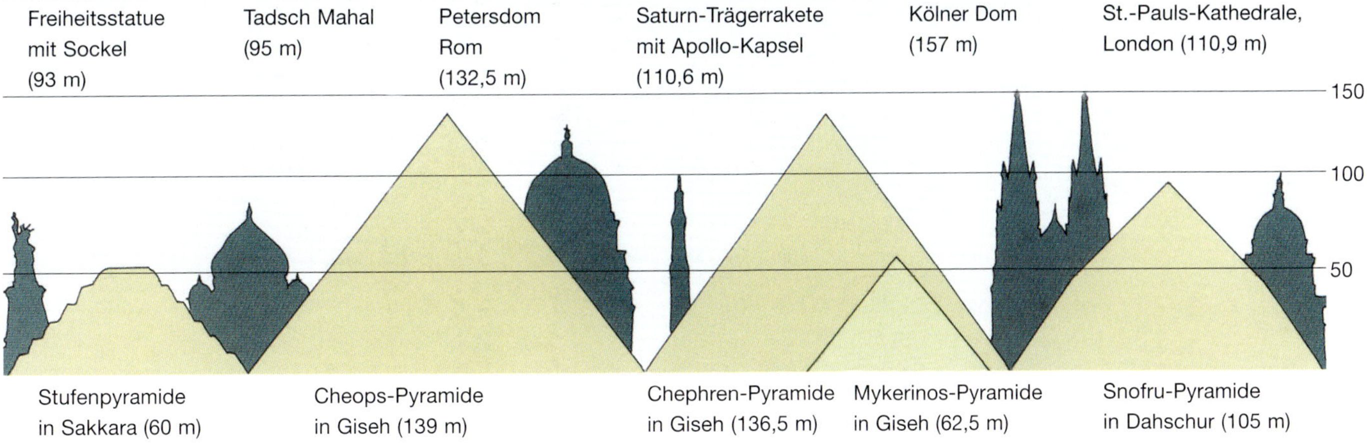

Oben: Fotografie des Sphinx aus dem 19. Jahrhundert, die König Chephren mit dem mächtigen Körper eines Löwen darstellt. Im Hintergrund seine Pyramiden-Grabstätte.

Links: Die Fotografie aus dem 19. Jahrhundert zeigt Touristen beim Erklimmen der Großen Pyramide. Die Pyramide wurde im Laufe der Jahre ihrer feinen Kalkstein-Ummantelung beraubt, sodass man damals die Stufen der darunterliegenden Steinblöcke erklettern konnte.

Gegenüber: Bronzestatuette Imhoteps, des Architekten der ersten Stufenpyramide in Sakkara, ca. 600 v. Chr. (Britisches Museum, London). In späterer Zeit wurde Imhotep als Gott des Heilwesens verehrt.

Steine der Ummantelung mussten mit großer Präzision bearbeitet werden. Die meisten von ihnen sind im Laufe der Zeit abgetragen und anderswo verbaut worden, doch die an der Basis verbliebenen und vom Sand bedeckten Steine sind so genau eingepasst, dass die Fugen kaum zu sehen sind. Sie wurden erst nach Vollendung der Pyramide an Ort und Stelle geglättet. Ein Beleg für diese Arbeitsweise sind die Schutthalden mit Tonnen von Kalksteinsplittern und Gesteinsresten vom Zuschneiden der Blöcke, die man in der Nähe entdeckte. Schätzungen zufolge entspricht der Gesteinsschutt der Hälfte des Pyramidenvolumens.

Es sind keine zeitgenössischen schriftlichen Zeugnisse überliefert, die den Pyramidenbau beschreiben. Der griechische Historiker Herodot, der Ägypten im 5. Jahrhundert v. Chr. bereiste, behauptete, dass jeweils 100 000 Arbeiter 20 Jahre hindurch umschichtig drei Monate lang Schwerarbeit beim Bau der Großen Pyramide leisteten. Heute glauben Ägyptologen, dass sie in kürzerer Zeit und von weniger Arbeitskräften erbaut wurde. Da die Ägypter zu dieser Zeit wahrscheinlich keine Sklaven besaßen, setzte der Pharao vermutlich drei Monate im Jahr, während der Zeit der Nilüberschwemmungen, wenn die Männer nicht auf den Feldern arbeiten konnten, Tausende von Bauern für den Pyramidenbau ein. Die gemeinsame Kraftanstrengung wurde von dem Glauben an die Göttlichkeit des Pharaos getragen. Er galt als der Sohn der Sonne, der menschliche Gestalt angenommen hatte, um das Volk zu führen, dem er im Jenseits weiterhin zur Seite stehen würde.

Die rein physische Arbeit ruhte zweifellos auf den Schultern der Bauern, aber es muss auch viele erfahrene und spezialisierte Handwerker gegeben haben, die ganzjährig an diesem gewaltigen Bauprojekt beteiligt waren. Die große Nachfrage nach Steinen erforderte besonders geschulte Steinbrucharbeiter. Sie arbeiteten in Kolonnen und hinterließen

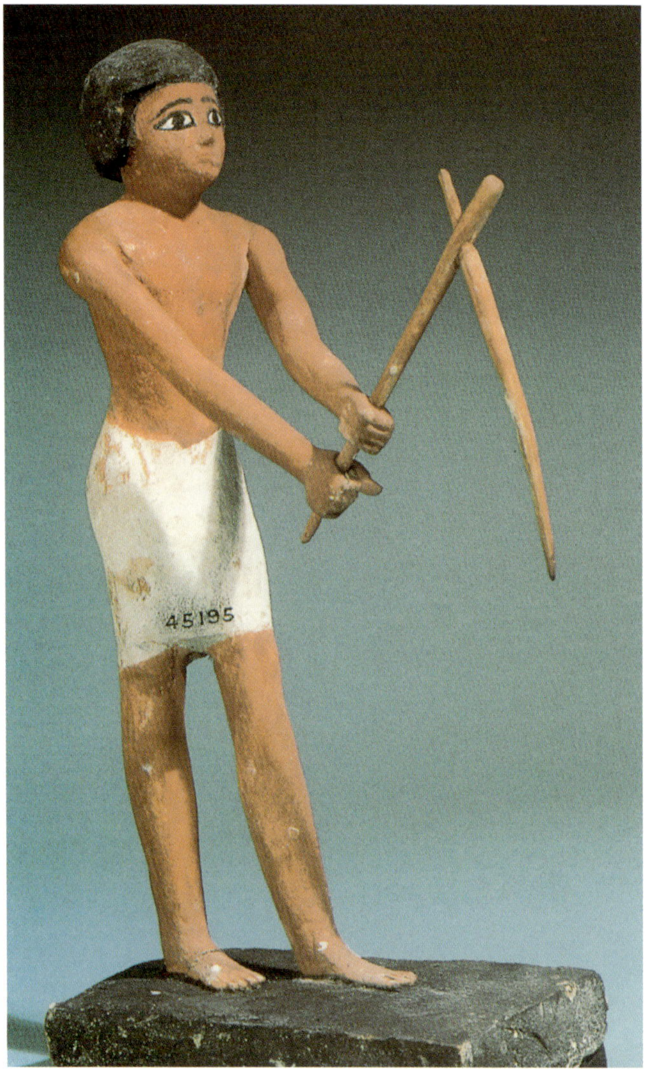

ihre Namen in Inschriften auf Steinen. Der Stein wurde blockförmig behauen und erhielt durch Steinmetze seinen endgültigen Schliff. Erfahrene Maurer waren erforderlich, um die Blöcke ebenmäßig und exakt aneinanderzufügen. In der Nähe der Großen Pyramide sind Baracken oder Unterkünfte für 4000 Menschen ausgegraben worden. Aus den gefundenen Werkzeugen kann man schließen, dass dort die beim Bau der Pyramiden beschäftigten Bauarbeiter und Steinmetze gewohnt haben.

Über die Konstruktionstechniken der Ägypter beim Bau der Großen Pyramide können wir nur spekulieren. Es dürfte viel Vermessungs- und Planungsarbeit nötig gewesen sein, bevor ein solches Bauwerk in Angriff genommen wurde. Zeichnungen von anderen Projekten legen nahe, dass die alten Ägypter sehr wohl Pläne gemacht haben, und es gibt Kalksteinmodelle von Pyramiden, die architektonische Planungs-

Links: Bemalte Holzfigur eines Landarbeiters als Grabbeigabe (Britisches Museum, London).

Gegenüber: Luftaufnahme der mittleren Pyramide König Chephrens – an der Spitze sind noch die Überreste der ursprünglichen Kalksteinverkleidung zu sehen.

Unten: Ein Modell der Totenbarke des Pharaos Cheops, die 1951 in einer Grube vor der Großen Pyramide entdeckt wurde. Das Boot war nach der Bestattung des Königs sorgfältig in seine Bestandteile zerlegt worden, konnte aber inzwischen rekonstruiert werden und ist nun in einem Museum in Giseh neben der Pyramide ausgestellt.

hilfen darstellen könnten. Die Grundfläche für das Fundament der Pyramide musste genau ausnivelliert sein, bevor mit der Arbeit begonnen wurde. Diese Aufgabe wurde vermutlich durch die Anlage eines Wassergrabens entlang der quadratischen Pyramidenbasis gelöst. Ein zwischen Pfähle gespanntes Band in den Gräben diente als Vermessungsebene zur Ausrichtung der Grundlinie. Kenntnisse der Mathematik, Geometrie und Astronomie waren ebenfalls erforderlich, um die Steigungswinkel der Pyramide zu berechnen. Mit Sicherheit wurden die verschiedenen Steinschichten von der Mitte aus nach außen gelegt, da an manchen Stellen die Steine des zentralen Kerns unter den Blöcken der Verkleidung zutage treten. Die letzte Lage der Ummantelung wurde von oben nach unten geglättet. Wie die Blöcke von der Grundfläche in ihre endgültige Position geschafft wurden, ist nicht bekannt. Wahrscheinlich hat man breite Rampen entlang der Pyramidenseiten angelegt und die schweren Blöcke auf diesen Rampen mit Holzschlitten zu der jeweiligen Arbeitsplattform gezogen. Bei der Medum-Pyramide fand man Überreste solcher Rampen. Um eine Pyramide mit Kalkstein zu verkleiden, könnten die Arbeiter auch eine Art Gerüst eingesetzt haben.

Zu allen Zeiten hat die riesige Steinmasse der Großen Pyramide Menschen zu dem Glauben verleitet, sie berge Geheimnisse. Frühe Christen hielten die Pyramiden für Josefs Vorratsspeicher, während Araber davon überzeugt waren, sie bärgen fantastische Schätze. Trotz verschiedener kunstvoll eingebauter Sicherungen wurden ihre Schätze wahrscheinlich schon vor 2000 v. Chr. durch Grabräuber geplündert. Das Innere der Großen Pyramide besteht aus einem Eingangstunnel und der Grabkammer selbst. Das Spitzdach und die Querbalken aus Granit in der Grabkammer müssen dem auf ihnen lastenden gewaltigen Druck standhalten. Der zur Grabkammer führende Gang wurde am Eingang mit gigantischen Verschlusssteinen aus Granit versiegelt. Die Lage der Grabkammer wurde während ihrer Konstruktion zweimal verändert. Die beiden Luftschächte waren vielleicht als symbolischer Ausgang für die Seele des toten Königs gedacht. Spätere Pyramidentexte berichten, der Pharao steige auf den Strahlen der Sonne zum Himmel. Die Pyramide selbst könnte die auf die Erde fallenden Sonnenstrahlen symbolisiert haben. Vielleicht wurde sie auch nach Art eines mehrstufigen babylonischen Zikkurats als Himmelstreppe konzipiert.

KAPITEL DREI

Die Pharaonen

Das Wort Pharao, von dem ägyptischen *per-aa* für „Großes Haus“ abgeleitet, bezog sich ursprünglich auf den Palast, nicht auf den König. Erst ab dem Neuen Reich ging es nach und nach als Bezeichnung für den König von Ägypten in den allgemeinen Sprachgebrauch ein. Der Pharao hatte mehrere offizielle Titel, die sich auf seinen einzigartigen Status als Gottkönig bezogen. So wurde er Sohn des Gottes Re genannt – der Name Re in Verbindung mit seinem persönlichen Namen erscheint gewöhnlich in seinen beiden königlichen Siegeln oder Kartuschen –, galt aber auch als die Inkarnation des Gottes Horus, Sohn des Osiris, der in der Mythologie Altägyptens der erste König der Welt war.

Gleichzeitig wird der Pharao auch „Herr der beiden Länder“ genannt. In vordynastischer Zeit siedelten die Stämme Ägyptens im Norden (Unterägypten) und Süden (Oberägypten) des Landes, und die Vereinigung dieser beiden geografischen Regionen unter einem Pharao und die damit einhergehende Gründung der 1. Dynastie wurde zum grundlegenden Ereignis in der Geschichte Altägyptens. Trotz der Errichtung einer neuen Hauptstadt in Memphis gab es weiterhin ein nördliches und südliches Verwaltungszentrum. Die alten Ägypter erlangten durch den Pharao ihre nationale Einheit mit allen Vorteilen einer zentralistischen Regierung und Verwaltung, etwa großen Bewässerungsprojekten, verbesserten Methoden des Landbaus und dem Pyramidenbau. Die Große Pyramide konnte nur ein König errichten, der vollkommene Kontrolle über die ökonomischen Ressourcen des Landes besaß und in der Lage war, die Arbeitskraft des ganzen Volkes zu mobilisieren. König Cheops muss der mächtigste Pharao dieser Zeit gewesen sein, da seine Pyramide die

Oben: Eine in Abydos entdeckte fein ziselierte Elfenbeinstatue eines Königs, wahrscheinlich aus der 1. Dynastie, ca. 3000 v. Chr. Der Pharao trägt die weiße Krone von Oberägypten und anlässlich seines Jubiläums eine lange Robe (Britisches Museum, London).

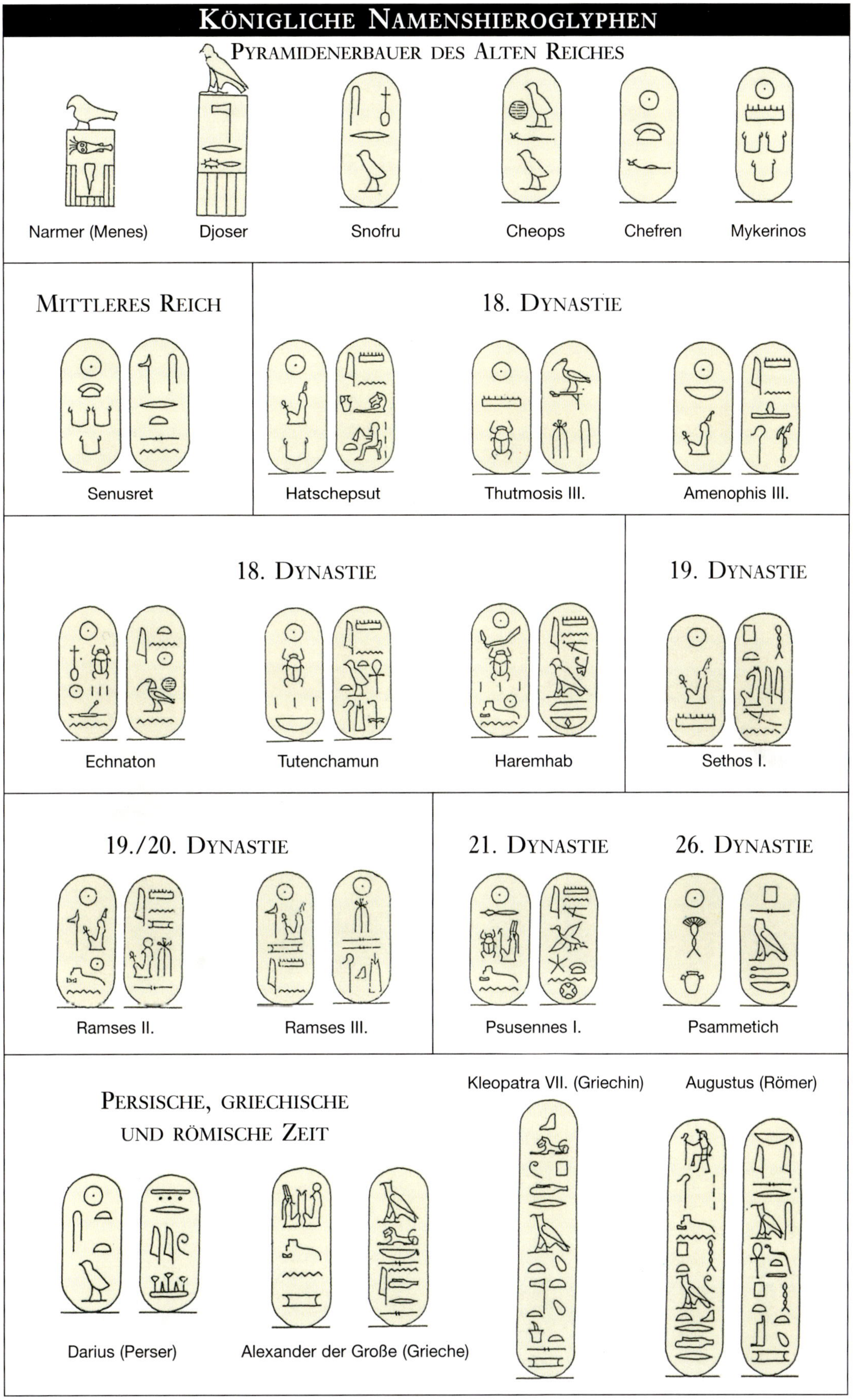
Königliche Namenshieroglyphen
Pyramidenerbauer des Alten Reiches
Narmer (Menes)
Djoser
Snofru
Cheops
Chefren
Mykerinos
Mittleres Reich
Senusret
18. Dynastie
Hatschepsut
Thutmosis III.
Amenophis III.
18. Dynastie
Echnaton
Tutenchamun
Haremhab
19. Dynastie
Sethos I.
19./20. Dynastie
Ramses II.
Ramses III.
21. Dynastie
Psusennes I.
26. Dynastie
Psammetich
Persische, griechische und römische Zeit
Darius (Perser)
Alexander der Große (Grieche)
Kleopatra VII. (Griechin)
Augustus (Römer)

größte von allen ist. Die geringeren Abmessungen der beiden anderen zeigen wahrscheinlich den abnehmenden Einfluss der auf ihn folgenden Könige. Nach dem Zusammenbruch der Königsmacht am Ende des Alten Reiches hatten die Pharaonen im Mittleren Reich (2040–1785) mit der wachsenden Macht der Gaufürsten zu kämpfen. Das Land zerfiel unter ihnen in ein System erblicher Gaufürstentümer. Möglicherweise entwickelten die Könige des Mittleren Reiches eine zentralisierte Hierarchie, um die Macht dieser Fürstentümer zu begrenzen. Die königliche Residenz wurde dabei von Theben nach Lischt als Regierungszentrum für das ganze Land verlegt. Diese Reformen ermöglichten es König Senusret III., eine große Armee für seine Nubien-Feldzüge aufzustellen, in deren Folge die Grenze weiter nach Süden verschoben und durch ein Netzwerk von Festungen geschützt wurde. In einem weiteren Feldzug verstärkte er Ägyptens Macht über Palästina und Syrien. Während der kurzen Regierungszeiten der folgenden etwa 70 unbedeutenden Könige der 13. Dynastie (ca. 1786–1633) wuchs die Bürokratie, und in Ermanglung einer starken Regierung konnten indoarische Invasoren, die Hyksos genannt wurden, Unterägypten auf einige Jahrhunderte unter ihre Herrschaft bringen. Die Hyksos führten einige

Links: Ramses II. greift in seinem Streitwagen die hethitische Festung Dapur in Syrien an. Rekonstruktion eines farbigen Reliefs aus dem Ramesseum in Theben, ca. 1270 v. Chr.

wichtige technische Neuerungen ein – den Bronzeguss, Pferde, Streitwagen und effektivere Waffen.

Die ersten Pharaonen des Neuen Reiches (ca. 1552–1070) vertrieben die Hyksos-Herrscher, einten den Staat und schufen eine verbesserte Wirtschaft. Die Landesgrenzen wurden nach Westasien bis zum Euphrat ausgedehnt, und Ägypten entwickelte sich zur Großmacht, die Tribute entgegennahm. Über die Stadtstaaten von Syrien und Palästina wachten ägyptische Beamte, im Süden wurde ein Vizekönig als Regent Nubiens eingesetzt. Der Handel und das nubische Gold trugen viel dazu bei, Reichtum und Macht des Landes auf internationaler Ebene zu festigen, was die königlichen Grabbeigaben mit ihrer bislang nie gekannte Prunkentfaltung und Schönheit belegen.

Die Pharaonen des Neuen Reiches, insbesondere jene der 18. Dynastie (ca. 1552–1306), haben die Nachwelt am meisten fasziniert. Einer der ersten eindrucksvollen Pharaonen dieser Periode war eine Frau namens Hatschepsut. Als dominante Persönlichkeit regierte sie gemeinsam mit ihrem Neffen und Stiefsohn, dem jungen Thutmosis III. Statuen und Reliefs zeigen sie häufig mit den männlichen Attributen des Königtums, sogar mit dem Zeremonienbart der Könige.

Oben: Der Terrassentempel von Königin Hatschepsut, ein Komplex von säulenumrahmten Hallen, erhebt sich an der Felswand in Deir el-Bahari.

Links: Standbild eines Pharaos aus dem Mittleren Reich. Sein nachdenklicher und konzentrierter Gesichtsausdruck ist charakteristisch für den Porträtstil dieser Periode (Britisches Museum, London).

Während ihrer Herrschaft erlangte ihr Günstling Senenmut, der die Aufsicht über den Bau ihres prachtvollen Tempels in Deir el-Bahari in Theben führte, große Macht.

Thutmosis III. setzte die Eroberungspolitik mit Feldzügen nach Palästina, Syrien und Nubien fort. Viele eindrucksvolle Bauwerke und bedeutende Privatgräber entstanden unter seiner Regierung, ein Zeichen des wirtschaftlichen Wohlstands, den er durch seine imperialistische Politik erreichte. Einige Zeit nach Hatschepsuts Tod ließ er ihre Steinporträts zerstören und ihren Namen auslöschen oder durch seinen eigenen ersetzen. Dieses Vorgehen entsprang vielleicht weniger persönlichem Hass gegen seine Tante und Stiefmutter als vielmehr dem ägyptischen Konzept des Königtums, das als exklusiv männliche Domäne galt.

Unter Amenophis III. wurde Ägypten von seinen asiatischen Nachbarn weiterhin als Großmacht anerkannt. Sein Einflussbereich reichte weit über die Grenzen Ägyptens hinaus. Das Königreich von Mitanni in Mesopotamien sandte Prinzessinnen als Tributgaben an den Pharao, und der Friede brachte großen Wohlstand nach Ägypten. Während seiner Regierung entstanden kolossale architektonische Werke und

Links: Die sogenannten Memnonkolosse, gigantische Sitzstatuen, die den Pharao Amenophis III. darstellen. Sie standen ursprünglich vor seinem Totentempel in Theben, ca. 1400 v. Chr. (Britisches Museum, London).

Unten: Quarzit-Kopf einer Statue König Amenophis' III., ca. 1400 v. Chr. (Britisches Museum, London).

Skulpturen von hoher Qualität. Ihm folgte Amenophis IV., der besser unter dem Namen Echnaton bekannt ist. In diesem Namen spiegelt sich seine Hingabe an Aton wider, die von ihm verehrte Sonnengottheit. Echnaton wurde als der „häretische Pharao“ bekannt, da er mit einer lange Zeit bestehenden religiösen Tradition der Vielgötterei brach und den Glauben an einen einzigen Gott vertrat. Er glaubte an Aton als den universellen Schöpfer allen Lebens, dessen sichtbare Symbole die Sonnenscheibe und ihre Strahlen waren. Während er sich der Verbreitung des neuen Glaubens widmete, vernachlässigte er seine militärischen und staatlichen Aufgaben. Um sich von der mächtigen Priesterschaft in Theben zu distanzieren, baute er etwa 300 Kilometer nilabwärts in el-Amarna eine neue Stadt als religiöses Zentrum für Aton, zu der auch ein Palast für seinen Hofstaat gehörte.

Echnaton komponierte zahlreiche Hymnen an den Gott Aton und förderte die Entwicklung eines völlig neuen, naturalistischer geprägten Kunststils. Allerdings ist nicht viel davon überliefert, da man ihn nach seinem Tod als Häretiker anprangerte und seine Stadt sowie seine Bildnisse systematisch zerstörte. Einige königliche Porträtskulpturen haben sich jedoch erhalten, darunter die Büste von Nofretete, eines der berühmtesten altägyptischen Kunstwerke. Auch Reste von Echnatons diplomatischer Korrespondenz wurden in el-Amarna gefunden, die das Chaos innerhalb des ägyptischen Reiches offenbarten. So schenkte der Pharao zum Beispiel Hilferufen aus Vasallenkönigreichen, die von den Hethitern angegriffen wurden, offenbar keine Aufmerksamkeit.

Nach Echnatons Tod bestieg der neunjährige Tutenchaton den Thron, dessen Verwandtschaftsgrad ungeklärt geblieben ist. Die Amunpriester überredeten den König, seinem Glauben abzuschwören und in Theben die alte Reichsreligion wieder einzuführen. Um dies zu unterstreichen, wurde der Name des Königs in Tutenchamun umgewandelt und el-Amarna zugunsten Thebens aufgegeben. Für das Grab des Pharaos im Tal der Könige in Theben wurden die üblichen Vorkehrungen getroffen, doch er starb vor dessen Vollendung in jungen Jahren. So musste er in einem provisorischen Grab beigesetzt werden, das wegen seiner Schlichtheit und Abgeschiedenheit von den Grabräubern übersehen wurde. Ein Einbruchsversuch in früher Zeit richtete keinen großen Schaden an, und so blieb das Grab über 3000 Jahre unangetastet.

Das immense Aufsehen, das dieses Grab bei seiner Entdeckung erregte, und die Pracht und Schönheit der Artefakte haben diesen geschichtlich unbedeutenden Knaben-König zum berühmtesten Pharao gemacht.

Tutenchamun hinterließ keinen Nachfolger, daher ging die Königswürde auf Eje über, einen ehrgeizigen Hofbeamten. Ihm folgte ein erfolgreicher General namens Haremhab, der alle Erinnerungen an die Häresie Echnatons aus den Annalen der ägyptischen Geschichte zu verbannen suchte. Die Stadt el-Amarna wurde zerstört, und aus den königlichen Kartuschen wurden die Namen von Echnaton und Tutenchamun getilgt.

Der erste bemerkenswerte Pharao der 19. Dynastie (ca. 1306–1186) war Sethos I., der die ägyptische Macht in Palästina festigte, den Hethitern Widerstand leistete und schließlich mit diesen einen Friedensvertrag schloss. Er begann ein großes Bauprogramm, und sein Tempel in Abydos enthält zahlreiche Flachreliefs, die vielen Kennern als die schönsten Beispiele ägyptischer Kunst gelten. Dieser Reliefstil wurde auch zur Ausschmückung seines Grabes verwendet, des größten und schönsten im Tal der Könige. Gegen Ende seiner Regierung teilte Sethos I. die Macht mit seinem Sohn Ramses II., einem der bedeutendsten Pharaonen des alten Ägypten.

Ramses begann seine Herrschaft mit einem Feldzug nach Syrien, wo er die Hethiter in der berühmten Schlacht von Kadesch (1285 v. Chr.) schlug. Zahlreiche Schilderungen dieses Kampfes wurden auf Tempelreliefs festgehalten, die ihn als einen großen ägyptischen Sieg darstellen. In Wahrheit endete er wohl eher unentschieden. Kurz danach wurde ein Waffenstillstand geschlossen, der über 50 Jahre lang Bestand hatte und durch Heiraten Ramses' mit hethitischen Prinzessinnen besiegelt wurde. Ramses nutzte die Kunst fraglos als Propagandamittel, denn er ließ seine Siege über Fremdvölker auf zahlreichen Tempelreliefs darstellen, auch errichtete er mehr Kolossalstatuen als jeder andere Pharao. Dazu nutzte er viele bestehende Statuen, die er mit seiner eigenen Kartusche versehen ließ. Diese Kartusche ist auf jeder bedeutenden Ruinengruppe in Ägypten zu finden, und wahrscheinlich hat er an der Hälfte der erhalten gebliebenen Tempel Änderungen vornehmen lassen. Viele dieser großen Bauprojekte datieren aus seinen frühen Jahren, während am Ende seiner 66 Jahre dauernden Regierungszeit offenbar ein beträchtlicher wirtschaftlicher Niedergang einsetzte. Er starb im Alter von mehr als 95 Jahren und soll mit zahlreichen Frauen nahezu 90 Kinder gezeugt haben. Unter den neun auf ihn folgenden Königen, die denselben Namen tragen, ist Ramses III. wahrscheinlich der bemerkenswerteste. Er erbte eine stabile innenpolitische Lage und baute einen eindrucksvollen und prachtvoll ausgestalteten Tempelkomplex in Medinet Habu. Einen libyschen Invasionsversuch vermochte er ebenso zurückzuschlagen wie erneute Angriffe durch die sogenannten Seevölker.

Oben: Torso einer großen Statue Echnatons (Ägyptisches Museum, Kairo). Das stilisierte Porträt gibt den wohl rätselhaftesten und eigentümlichsten aller ägyptischen Pharaonen wieder.

Rechts: Bemalte Gipsbüste der Königin Nofretete. Das im naturalistischen Stil modellierte Porträt ist eines der schönsten und berühmtesten Werke der bildenden Kunst Altägyptens, ca. 1365 v. Chr. (Ägyptisches Museum im Alten Museum, Berlin).

Während des Neuen Reiches wurde die Autorität des Pharaos durch zwei neue Kräfte in Ägypten beeinträchtigt: die Priesterschaft und die Armee. Die Armee stand dem König als traditionellem Beschützer von Ägypten in polizeilichen

Oben: Eine Königin, deren Krone ein Nechbet-Geier ziert. Nach einer Zeichnung von Howard Carter.

und militärischen Belangen zur Seite. Mit ihren Streitwagen, der Infanterie und Marine war die Armee des Neuen Reiches nun weit größer und besser organisiert als in früheren Zeiten. Es gab vier Divisionen von etwa 5000 Mann, die sich zunehmend aus Söldnern wie Nubiern, Asiaten und Libyern zusammensetzten. Kriegsgefangene konnten ihre Freiheit erlangen, indem sie in der Armee des Pharaos dienten.

Obwohl die Entwicklung militärischer Strategien stets dem Pharao zugeschrieben wurde, wird er einen Kriegsrat von Offizieren und Würdenträgern einberufen haben, bevor er einen Feldzug unternahm. Diese Feldherren hatten viel Erfahrung darin, eine große Anzahl von Soldaten zu befehligen, weshalb sie wohl in einigen Fällen während der 18. Dynastie für würdig befunden wurden, die Königsherrschaft zu übernehmen, wenn der Pharao keine direkten Erben hinterließ. Eje, Haremhab, Ramses I. und Sethos I. waren ausgebildete Militärs, und wenn das Land in späteren Phasen in Anarchie versank, war es Aufgabe der Armeeoffiziere, für die Wiederherstellung der Ordnung zu sorgen.

Bis zur 21. Dynastie (ca. 1075–945) war das Land zwischen zwei Herrscherhäusern aufgeteilt. Eine Gruppe von Königen etablierte eine neue Hauptstadt in Tanis im Nildelta, während ein großer Teil Oberägyptens von Generälen kontrolliert wurde, die sich selbst zu Hohepriestern von Theben erklärten. Ein bedeutender Pharao dieser Periode war Psusennes I. Die wunderbaren Schätze aus seinem Grab, die 1941 von Pierre Montet in Tanis entdeckt wurden, sind hinsichtlich ihrer Qualität und Reichhaltigkeit mit jenen des Tutenchamun verglichen worden. Politische Schwäche führte jedoch bald zur Fremdherrschaft durch die libyschen Könige der 22. Dynastie, denen während der 25. Dynastie die Äthiopier aus Nubien folgten. Die Pharaonen der 26. Dynastie gründeten eine neue Hauptstadt in Sais und stellten die Ordnung in Ägypten wieder her. Während dieser Periode wirtschaftlicher Stabilität und größeren Wohlstands (ca. 664–525) erlebten Kunst, Architektur und Literatur eine Blüte.

Die Regierung der Pharaonen von Sais fand durch eine persische Invasion und Herrschaft während der 27. Dynastie ihr Ende. 332 v. Chr. eroberte Alexander der Große Ägypten, und sein General Ptolemäus errichtete eine griechische Dynastie von Pharaonen mit dem Hauptsitz in Alexandria. Diese neue Stadt am Mittelmeer wurde zu einem bedeutenden Handelszentrum, während ihr berühmter Leuchtturm und ihre Bibliothek sie zu einem Wunder der Alten Welt machten. Die griechische Herrschaft über Ägypten setzte sich bis zur Niederlage von Königin Kleopatra in der Schlacht von Actium 31 v. Chr. fort, in deren Folge Ägypten zu einer Provinz des Römischen Reiches wurde. Durch die Literatur ist Kleopatra als schöne, kluge und intrigante Königin in das kollektive Bewusstsein eingegangen. Sie war die siebte ägyptische Königin dieses Namens, und obwohl griechischer Abstammung, sprach sie ägyptisch und teilte viele religiöse Vorstellungen der Ägypter. Ihre Affären mit Julius Cäsar und Marc Anton wurden mit ihren Bemühungen in Verbindung gebracht, die Kontrolle über Ägypten zurückzugewinnen. Neben Hatschepsut und Nofretete zählt Kleopatra zu Ägyptens bekanntesten Königinnen. Einige der führenden Königinnen nahmen in der ägyptischen Gesellschaft eine sehr mächtige Stellung unmittelbar hinter

Königliche Kronen und Insignien

Die weiße Krone von Oberägypten

Die rote Krone von Unterägypten

Die blaue Kriegskrone

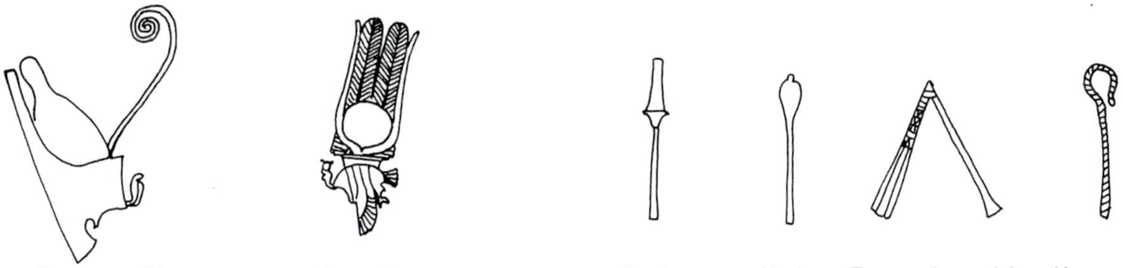

Doppelkrone von Ober- und Unterägypten

Krone der Königsmutter

Zepter

Keule

Zeremonienwedel

Krummstab

Ganz links: Ramses mit der überaus kunstvoll gearbeiteten königlichen Krone.

Links: Der auf einem Thron sitzende Pharao Amenophis III. mit der blauen Krone.

Ganz oben: Fragment einer Statue König Echnatons. Viele Statuen dieses „häretischen“ Pharaos wurden nach seinem Tod systematisch zerstört (Britisches Museum, London).

Gegenüber: König Tutenchamun und seine Königin auf der Rückseite eines vergoldeten Throns, ca. 1360 v. Chr. (Ägyptisches Museum, Kairo).

Oben: Kniende Bronzefigur eines Pharaos mit zwei Salbgefäßen, ca. 1420 v. Chr.

Oben: Vergoldete Holzfigur eines Königs, wahrscheinlich Amenophis’ III., ca. 1400 v. Chr. (Britisches Museum, London).

dem Pharao ein. Der König durfte mehrere Frauen heiraten, aber die wichtigste war die „Hauptfrau", deren Kinder gewöhnlich die einzigen Thronerben waren. Königin Hatschepsut beispielsweise war die Tochter von König Thutmosis I. und seiner Hauptfrau. Die „Königsmutter" behielt ihren Titel als Gattin und Königin, wenn ihr Sohn Pharao wurde, aber sie stand unter der Gattin des neuen Königs, seiner „Hauptfrau". Die Ehe zwischen nahen Verwandten in den ägyptischen königlichen Familien war nicht so weit verbreitet, wie oft behauptet wird, und stellte in Wahrheit eine politische Allianz dar, um die Macht in der Familie zu halten und die Thronfolge zu sichern.

Die königliche Abstammung war im alten Ägypten keine unbedingte Voraussetzung, um das Königtum zu übernehmen, weil die göttliche Natur des Pharaonenamtes jede sterbliche Verbindung als zweitrangig erscheinen ließ. Die Thronbesteigung des Königs wurde durch seinen Anspruch, der Sohn des Sonnengottes Re zu sein, legitimiert und weniger dadurch, dass er der Sohn eines vorangegangenen Königs war. Wenn er das Amt des Pharaos übernahm, hatte er in der Tat das unbestreitbare Recht auf den Thron Ägyptens. Eje und Haremhab, die nacheinander Tutenchamun auf dem Thron folgten, waren keineswegs königlicher Abkunft, konnten aber ihr Königtum durch dieses Prinzip legitimieren. Einige fremde Eroberer, insbesondere die makedonischen Griechen, erkannten, wie vorteilhaft es für sie war, sich in Statuen und Monumenten als traditionsverbundene einheimische Pharaonen darzustellen. Sie ließen ihre Namen übersetzen und in die üblichen königlichen Kartuschen einfügen, wodurch sie auf ihre göttliche Abkunft und ihre Gleichrangigkeit mit vorangegangenen Königen hinwiesen. Indem sie diese höchste Position als Gott und König in Anspruch nahmen, konnten sie in dem Land, das sie oder ihre Vorgänger erobert hatten, ihre Macht bestmöglich sichern.

Links: Eine von Tutenchamuns bemalter Truhe abkopierte Szene, die den König in seinem Streitwagen bei der Löwenjagd zeigt (Ägyptisches Museum, Kairo).

Ganz links: Kopf einer Kolossalstatue von Ramses II.

Links: Aus feinem grünen Schiefer gearbeiteter Kopf, wahrscheinlich Königin Hatschepsut mit der hohen weißen Krone.

KAPITEL VIER

Die Götter

Die Götter Altägyptens mögen fremd und unheimlich auf uns wirken, doch für die Ägypter waren sie tröstliche Begleiter im täglichen Leben. Die vermeintliche Anbetung von Tieren in Ägypten ist nicht allzu wörtlich zu nehmen: Tiere wurden nicht als eigentliche Götter angesehen, sondern lediglich als deren irdische Erscheinung, denn in ihnen ließen sich vortrefflich die Attribute verschiedener Gottheiten symbolisch darstellen. Tierköpfe wurden auf menschliche Körper gesetzt, um Götter bei verschiedenen Ritualen darzustellen und sie mit menschlichem Tun zu verbinden. Die Verehrung von tiergestaltigen Gottheiten hat ihre Wurzeln in der ägyptischen Vorzeit, als die Menschen bestimmte Eigenschaften der Tiere in ihrer Umgebung fürchteten oder bewunderten. Die frühen Stämme empfanden die natürliche Ordnung des Tierreiches voller Ehrfurcht als symbolisches Abbild allumfassender göttlicher Macht. Besondere animalische Eigenschaften wie die Kraft des Löwen oder die Fürsorge der Kuh für ihr Kalb wurden verehrt und mit menschlichen Idealen assoziiert.

Im Laufe der Zeit nahmen viele einst tiergestaltige Götter Menschengestalt an, behielten aber ihre Identifikation mit bestimmten Tieren bei. In der letzten Periode des Reiches wurde fast jedes den Ägyptern bekannte Tier mit einem oder mehreren Göttern assoziiert. Heilige Tiere aller Größen, vom Mistkäfer bis zum Stier, wurden mumifiziert und zeremoniell beerdigt, sodass in vielen Kultzentren riesige Tierfriedhöfe entstanden. Hier konnten die Gläubigen einem Gott ihre Ergebenheit beweisen, indem sie für die Bestattung seines heiligen Tieres bezahlten. Erst in späterer geschichtlicher Zeit durfte das Volk den Hauptgöttern opfern. Außer der Priesterschaft war es niemandem erlaubt, das Tempelinnere zu betreten, und erst ab dem Mittleren Reich (ca. 2000 v. Chr.) durften privilegierte Personen Votivstatuen in den Außenhöfen aufstellen. In der Regel waren die Götterbilder für das ägyptische Volk unerreichbar, denn jede Kommunikation mit ihnen blieb allein dem Pharao oder seinen Priestern vorbehalten. Der Pharao war ein Gottkönig, der Einheit und Wohl-

Gegenüber: Silberstatue des Gottes Re mit Falkenkopf und Sonnenscheibe (Britisches Museum, London).

Rechts: Der Tempel war die Wohnstätte der Götter und musste in seinen Proportionen menschliches Maß übersteigen. Die Säulen des Großen Tempels von Karnak sind 31,6 Meter hoch, stellenweise mit einem Durchmesser von 4,8 Metern.

stand Ägyptens aufrechterhielt. Das Schicksal des ägyptischen Volkes war mit dem ihres Pharaos verbunden, und sein Wohlergehen war auch das ihre.

Die ägyptischen Tempel dienten nicht wie die europäischen Kathedralen dem gemeinschaftlichen Gottesdienst, sondern waren Wohnstätten der Götter. Der Tempel mit seinen Gängen und Höfen war um das Allerheiligste herum gebaut, in dem das Bild des jeweiligen Gottes stand, das von ihm bewohnt wurde. Diese Statuen verließen die Tempel nur bei religiösen Festlichkeiten, wo sich ihnen dann auch Menschen aus dem Volk nähern konnten. Dennoch blieben die Götterbilder immer in einem Schrein verborgen, der zum Reisen auf eine heilige Barke gesetzt wurde. Zu den täglichen Ritualen im Tempel gehörte das Waschen, das An- und Auskleiden der göttlichen Statue und die Opferung von Weihrauch und Speisen. Dieses Ritual hatte symbolische Bedeutung: Es sollte die heilige Ordnung des täglichen Lebens aufrechterhalten. Auf den Tempelreliefs wird der König stets bei derlei Ritualen gezeigt, aber in der Praxis übernahmen diese Aufgabe wohl meist die Priester. Solche Reliefs wurden gewöhnlich weit oben eingemeißelt, wo man sie nicht sehen konnte. Sie dienten nicht der Verschönerung, sondern hatten magische Funktion. So verlieh man Säulen, Decken und Fußböden magische Kräfte, die bei Ritualen angerufen wurden.

Gegenüber: Der Gott Osiris – Herrscher des Totenreiches, von Falken beschützt – auf einem bemalten Sarkophag, ca. 1050 v. Chr. (Britisches Museum, London).

Rechts: Ramses II. kniet in Gegenwart seines Vaters Sethos I. sowie des Mondgottes Chons und der Muttergottheit Mut vor dem höchsten Gott Amun Re.

Unten: Statuen Ramses' II. im Vorhof des Tempels von Luxor.

Der Tempel wurde nicht nur als symbolische Verkörperung der Weltordnung betrachtet, sondern auch als Beispiel der Weltschöpfung erbaut. Die wellenförmig verlaufenden Lehmziegelmauern um die heiligen Bezirke repräsentierten wahrscheinlich die urweltlichen Gewässer, und die Säulen mit ihren lotos- und papyrusförmigen Kapitellen im Inneren der Einfriedung erinnern an die frühzeitliche Vegetation des Schwemmlandes. Die Ägypter stellten sich die Entstehung der Welt als das Auftauchen eines Erdhügels aus den Urwassern vor. Auf diesem Urhügel erschien der Gott Re und schuf ein Götterpaar, Schu und Tefnut. Sie wiederum schufen die Himmelsgöttin Nut und den Erdgott Geb, deren Kinder die uns bekannteren Götter Osiris, Isis, Nephthys und Seth waren. Diese aus neun Göttern bestehende Gruppe wurde in Heliopolis verehrt, andere Zentren hatten andere Göttergruppen. Heliopolis war auch das bedeutendste Kultzentrum für den Sonnengott Re, der in vielen Texten als der Schöpfer allen Seins beschrieben wird.

Während der gesamten ägyptischen Geschichte nahm die Sonne eine zentrale Stellung in der Religion ein. Der Sonnengott Re hatte bereits in der 2. Dynastie (ca. 2700 v. Chr.) eine herausragende Position und sicherlich Einfluss auf den Bau von Pyramiden. In der 5. Dynastie (ca. 2400 v. Chr.) war der eng mit dem Pharao verbundene Re zum höchsten Staatsgott geworden. Der König nahm den Titel Sohn des Re an, und man glaubte, dass er sich nach dem Tod seinem Vater Re im Himmel anschlösse. Eine andere religiöse Vorstellung war, dass der Sonnengott jeden Morgen neu geboren wurde, alterte, starb und dann während der Nacht durch die Unterwelt reiste, was als Beispiel und Vorbild jeglicher Erneuerung galt. Re wurde durch seine Vereinigung mit einem kleineren thebanischen Gott namens Amun zu Amun Re, dem höchsten Staatsgott im Neuen Reich. Seit frühgeschichtlicher Zeit stand Re auch mit dem Falkengott Horus in Verbindung. Als Re-Harachte repräsentierte er den Horus des Horizonts.

Der Gott der Morgensonne, Chepri, wurde mit dem Mistkäfer identifiziert. Von diesem Skarabäus-Käfer glaubte man, er habe sich aus seiner eigenen Substanz erschaffen, so wie auch die Sonne sich selbst jeden Morgen zu erschaffen schien.

Ganz links: Bemalte Holzfigur des Osiris, die wohl eine Papyrusrolle aus dem *Totenbuch* enthielt, ca. 1300 v. Chr. (Britisches Museum, London).

Links: Aus Gold und Silber gefertigte Figur des Gottes Amun Re, ca. 900 v. Chr. (Britisches Museum, London).

Gegen Ende der 18. Dynastie (ca. 1280 v. Chr.) gab es in Ägypten eine religiöse Revolution, die von König Amenophis IV., besser bekannt als Echnaton, eingeleitet wurde. Seine neue Religion basierte auf der Anbetung der Sonne als alleiniger Quelle des Lebens und der Schöpfung, deren Macht in den Leben spendenden Strahlen des Aton – der Sonnenscheibe – sichtbar wurde. Echnaton betrachtete sich als einzigen Hohepriester Atons, löste die lokale Priesterschaft auf und ließ die Tempel rivalisierender Gottheiten schließen. Die Aton-Tempel unterschieden sich von den üblichen Tempelbauten, denn sie standen zum Himmel hin offen und besaßen kein Sanktuarium zur Aufnahme eines Götterstandbilds. Es war Amenophis III., Echnatons Vater, der als Erster den Aton-Kult als Hauptkult einführte und dem Gott einen Tempel erbauen ließ. Echnaton aber ging weiter, indem er die Verehrung aller anderen Götter unterband. Nach dem Tod Echnatons, der als Häretiker galt, wurden die alten Götter in Theben jedoch wieder eingesetzt.

Ein wesentlicher Teil der ägyptischen Religion war der Glaube an ein Leben nach dem Tod. Man stellte sich vor, dass die Seelen ein Totengericht erwartete. Der Gott Osiris war sowohl König der Toten als auch Richter in der Unterwelt. Der ägyptischen Mythologie zufolge hatte Osiris in der Frühzeit als guter Pharao regiert, wurde dann aber von seinem

Oben: Chepri, der Skarabäusgott, auf einem Sarkophaggemälde, ca. 1050 v. Chr. (Britisches Museum, London).

Links: König Echnaton und Königin Nofretete mit ihren Kindern. Über ihnen die Sonnenscheibe, deren Strahlen den von ihnen verehrten Gott Aton symbolisieren.

neidischen Bruder Seth ermordet und von seinem Sohn Horus gerächt. Osiris kehrte schließlich ins Leben zurück, aber nicht als menschlicher Pharao, sondern als König der Unterwelt. Er besaß eine wichtige Eigenschaft, die ihn beliebter machte als die anderen Götter. Als Mensch und König hatte er den Tod erfahren und über ihn triumphiert. Er konnte seinen Anhängern ewiges Leben gewähren. Man glaubte, dass die Pharaonen, die im Diesseits die Verkörperung von Osiris' Sohn Horus waren, bei ihrem Tod zu Osiris wurden. Im Mittleren Reich (ca. 2040–1785) durften alle Anhänger des Osiris erwarten, bei ihrem Tod ein Osiris zu werden. Abydos war ein Zentrum des Osiris-Kultes, wo Ägypter Inschriften und Opfergaben für den Gott hinterließen. Hier konnten sie auch das alljährlich im Freien aufgeführte Drama von Tod und Auferstehung des Osiris miterleben.

Osiris war auch ein Gott des Wachstums, was wohl seine ursprüngliche Rolle war. Er verkörperte die alljährliche

Oben links: Glasierte Figur der Löwengöttin Sachmet (Britisches Museum, London).

Oben rechts: Diese vergoldete Bronzefigur von Isis und Horus wurde zum Prototyp der Mutter-Kind-Darstellungen (Britisches Museum, London).

Rechts: Bronzestatue des Widdergottes Chnum (Britisches Museum, London).

Gegenüber: Anubis, der Schakalgott, war der Wächter über die Toten. Farbig bemaltes Relief aus dem Grab Haremhabs, ca. 1320 v. Chr.

KAPITEL FÜNF

Die Mumien

Obwohl der Begriff „Mumie“ mit dem alten Ägypten verbunden ist, wendet man ihn auch auf die Leichenkonservierung in anderen Kulturen an. Das Wort leitet sich von der arabischen Bezeichnung für „Bitumen“ (Pech) ab, von dem man irrtümlich angenommen hatte, dass es auf den Leichnam aufgetragen wurde und der Mumie ihr schwarzes Aussehen verlieh. Die meisten der mit Binden umwickelten Mumien, die erhalten geblieben sind, werden in die Zeit des Neuen Reiches oder später datiert, als die Einbalsamierung nicht mehr nur den Pharaonen vorbehalten war, sondern allen Ägyptern offenstand, die es sich leisten konnten.

Warum nahmen die Ägypter die Unkosten und Mühen einer Mumifizierung auf sich? Für sie bedeutete das Leben nach dem Tod körperliche Existenz, da die Seele im Jenseits wieder in den Körper zurückkehren konnte. Durch die Mumifizierung erhielten die Ägypter die Körper ihrer Toten für ein zweites Leben im Jenseits, das man sich als Fortsetzung aller irdischen Freuden vorstellte. Daher wurden die Toten mit ihrem liebsten Hab und Gut nebst Nahrungsmitteln und sogar Holzmodellen von Arbeitern begraben. Die lebenslange Beschäftigung mit dem Tod galt nicht als morbid, bezeugen doch mit heiteren Szenen bemalte Mumiensärge, dass man dem ewigen Leben mit Optimismus entgegenblickte.

Der Jenseitsglaube der alten Ägypter und die Entwicklung der Balsamierungskunst dürften teilweise eine Reaktion auf die schon in der Frühzeit gemachte Entdeckung gewesen sein, dass lange in der Wüste begrabene Körper selbst nach Jahren noch keine Verwesungserscheinungen zeigen. In dieser vordynastischen Phase wurde der nackte Leichnam einfach in einer flachen Grube in der Wüste begraben. Der heiße Sand führte zur raschen Austrocknung des Körpers und verhinderte seine Verwesung. Einige dieser Leichen wurden vielleicht von Grabräubern oder Sandverwehungen freigelegt, und ihre Entdeckung mag nachfolgende Generationen

Erneuerung des Landes Ägypten nach den Nilüberschwemmungen. Seine Auferstehung als König der Toten und seine Wiedergeburt als Vegetationsgott waren eng miteinander verknüpft. Die Gattin des Osiris, Isis, verkörperte die hingebungsvolle Frau und liebende Mutter und war eine sehr beliebte Göttin der Magie, die sogar noch in römischer Zeit verehrt wurde. Osiris, Isis und Horus bildeten eine Familieneinheit und eine göttliche Trias. Ähnliche Dreiergruppen gab es bei vielen anderen ägyptischen Gottheiten. Die wichtigsten Triaden wurden in Theben (Amun, Mut und Chons) und in Memphis (Ptah, Sachmet und Nefertem) verehrt. Osiris wurde in ganz Ägypten angebetet, nicht nur als Staatsgott, sondern auch als volkstümlicher Gott, an den sich jeder wenden konnte.

Viele andere Schutzgötter wurden von den Menschen zu Hause angebetet, denn sie hatten meist keine ihnen geweihten Tempel oder keinen Platz in den offiziellen Tempelritualen. Zu den beliebtesten unter diesen kleineren Gottheiten zählte Bes, der als groteske zwergenhafte Gestalt abgebildet wurde. Bes galt als Glücksbringer des Hauses und Beschützer der Gebärenden, der böse Geister vertrieb. Auch die Nilpferdgöttin Taweret beschützte die Schwangeren, ebenso die Katzengöttin Bastet und die Muttergottheit Hathor, dargestellt in der Gestalt oder mit Körperteilen einer Kuh – Göttinnen, die auch mit Tanz und Musik in Verbindung standen. Mit Darstellungen dieser Hausgottheiten wurden die kostbareren Alltagsgegenstände der Wohlhabenden verziert, etwa Betten, Kopfstützen, Spiegel und Salbtöpfe. Bildern der Götter schrieb man übernatürliche Kräfte zu, und die Ägypter trugen viele Amulette, um sich zu schützen. Zahlreiche kleine Talismane wurden den Mumien als Schutz auf ihrer gefährlichen Reise ins Jenseits mitgegeben, und in den Grabkammern fanden sich Holzmodelle, Statuen und Bilder, die eine ähnlich magische Rolle spielten.

Die altägyptischen Götter lassen sich nicht in deutlich voneinander getrennte Gruppen einteilen, da die mit ihnen verknüpften religiösen Vorstellungen sehr komplex sind. Die große Anzahl der Gottheiten ist dadurch begründet, dass die ägyptische Religion eine lange Tradition hatte und neue Götter alte Gottheiten nicht ersetzten. Seit frühester Zeit gab es in verschiedenen Regionen des Landes lokale Stammesgötter, von denen etliche im Laufe der Geschichte zu großer Bedeutung gelangten. Häufig wurden mehrere Götter miteinander vereinigt, um ihre besonderen Kräfte zu bündeln.

neidischen Bruder Seth ermordet und von seinem Sohn Horus gerächt. Osiris kehrte schließlich ins Leben zurück, aber nicht als menschlicher Pharao, sondern als König der Unterwelt. Er besaß eine wichtige Eigenschaft, die ihn beliebter machte als die anderen Götter. Als Mensch und König hatte er den Tod erfahren und über ihn triumphiert. Er konnte seinen Anhängern ewiges Leben gewähren. Man glaubte, dass die Pharaonen, die im Diesseits die Verkörperung von Osiris' Sohn Horus waren, bei ihrem Tod zu Osiris wurden. Im Mittleren Reich (ca. 2040–1785) durften alle Anhänger des Osiris erwarten, bei ihrem Tod ein Osiris zu werden. Abydos war ein Zentrum des Osiris-Kultes, wo Ägypter Inschriften und Opfergaben für den Gott hinterließen. Hier konnten sie auch das alljährlich im Freien aufgeführte Drama von Tod und Auferstehung des Osiris miterleben.

Osiris war auch ein Gott des Wachstums, was wohl seine ursprüngliche Rolle war. Er verkörperte die alljährliche

Oben links: Glasierte Figur der Löwengöttin Sachmet (Britisches Museum, London).

Oben rechts: Diese vergoldete Bronzefigur von Isis und Horus wurde zum Prototyp der Mutter-Kind-Darstellungen (Britisches Museum, London).

Rechts: Bronzestatue des Widdergottes Chnum (Britisches Museum, London).

Gegenüber: Anubis, der Schakalgott, war der Wächter über die Toten. Farbig bemaltes Relief aus dem Grab Haremhabs, ca. 1320 v. Chr.

Gegenüber: Vergoldeter Innensarg einer thebanischen Priesterin, ca. 1290 v. Chr. (Britisches Museum, London).

Ganz rechts: Hölzerne *uschebti*-Figur König Amenophis' III. Diese Figuren wurden in Gräber gelegt, damit sie im Jenseits die Feldarbeit für den Verstorbenen verrichteten.

Rechts: Bemalter Holzsarg und Mumie einer thebanischen Priesterin, ca. 1000 v. Chr. (Britisches Museum, London).

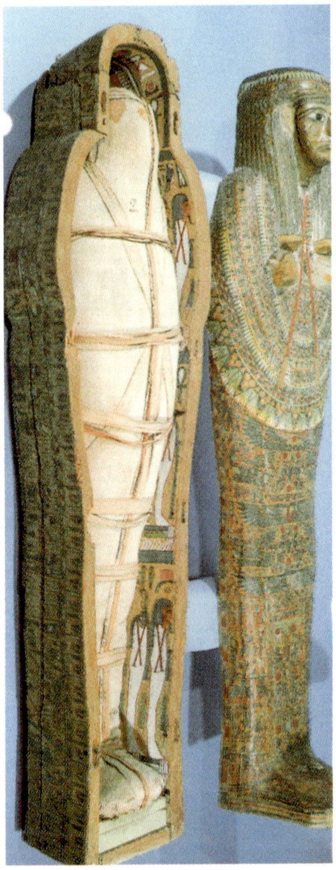

Links: Kopf einer männlichen Mumie mit eingelegtem Auge, ca. 1000 v. Chr. (Britisches Museum, London).

veranlasst haben, an ein Weiterleben zu glauben. Im Laufe der Zeit machte dieser Glaube eine würdigere Bestattung mit größeren Vorräten für das künftige Leben notwendig. Die Grabkammer ersetzte die einfache Grube, brachte aber den Körper mit Luft und Bakterien in Berührung, wodurch er zersetzt wurde. Seit den Bestattungen im Sand müssen die Ägypter erkannt haben, dass die beste Konservierungsmethode im Entzug von Feuchtigkeit lag.

In Ägypten gab es reichliche Vorkommen natürlicher Natronsalze, ein wirksames Austrocknungsmittel von leicht antiseptischer Wirkung. Mithilfe von Natron entwickelten die Ägypter eine ausgefeilte Konservierungstechnik, die 70 Tage in Anspruch nahm. In einem ersten Schritt wurden dem Körper alle inneren Organe mit Ausnahme des Herzens entnommen. Das Herz blieb im Körper, da man es für das Zentrum von Weisheit und Gefühl hielt, das beim Totengericht auf die Waagschale gelegt wurde.

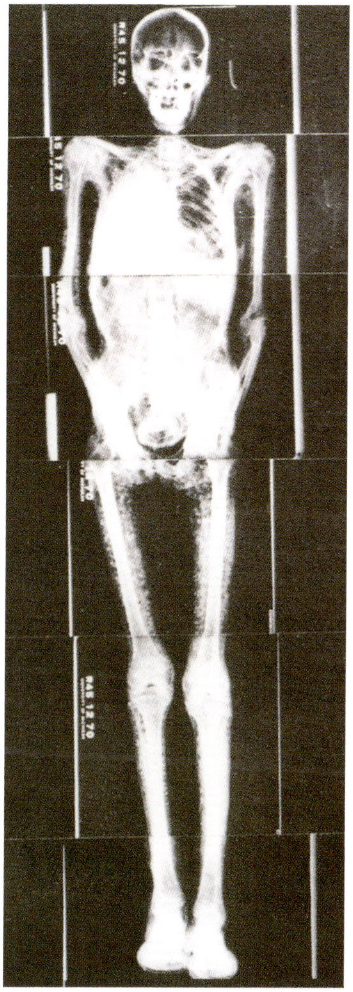

Links: Röntgenbilder altägyptischer Mumien zeigen viele interessante Details.

Oben: Hölzerner Schakal, das heilige Tier des Gottes Anubis. Diese Figuren wurden in die Gräber gelegt, um die Toten symbolisch zu schützen (Britisches Museum, London).

Unten: Die älteste erhaltene Mumie aus dem Grab Nefers in Sakkara, ca. 2400 v. Chr.

Gegenüber: Bemalte Holzschatulle mit *uschebti*-Figuren. Je mehr „Arbeiter" beigelegt wurden, desto leichter würde das Leben im Jenseits für den Verstorbenen sein.

Die anderen Organe wurden mit Natron getrocknet und in vier speziellen Gefäßen, den Kanopen, aufbewahrt. Den ausgehöhlten Körper wuschen die Balsamierer mit Palmwein und Gewürzen und bedeckten ihn zur Entwässerung rundum mit Natronsalz. 40 Tage später wurde er nochmals gewaschen, mit Leinengeweben und Würzstoffen gefüllt und zugenäht. Ein Überzug aus flüssigen Harzen sollte ihn festigen und wasserdicht machen. Dann wurde die Mumie mit Leinenbinden umwickelt, die den Körper in Form hielten. Man hat eine Mumie gefunden, die mit Binden in einer Gesamtlänge von fünf Kilometern und einer Breite von 7,5 Zentimetern bandagiert war!

Die Binden pressten die Arme an den Körper und hielten die Beine zusammen, obwohl es auch einige Mumien gibt, deren Glieder getrennt umwickelt wurden. Die Einbalsamierer verbargen eine Reihe von schützenden Amuletten in den Bandagen. Ein Symbol für die Auferstehung war der Herz-Skarabäus, der auf die Brust der Mumie gelegt wurde. Er trug als Inschrift einen religiösen Text, der dem Verstorbenen beim Gericht vor Osiris Richterstuhl beistehen sollte, wenn das Herz gewogen wurde. Ein anderes beliebtes Schutzamulett war das Auge des Horus oder *udjat*. Es zeigte das Auge eines Falken mit seinen charakteristischen Markierungen.

Obwohl die grundlegende Funktion des Sarges darin bestand, den Körper vor Tieren und Dieben zu schützen, wurde er auch als Behausung des Geistes angesehen. Durch die magischen Kräfte seiner Verzierungen und Inschriften konnte er das Wohlergehen des Verstorbenen im Jenseits sichern. Im Laufe der langen ägyptischen Geschichte unterlag der Sarg etlichen Veränderungen in Form, Material und Dekoration. Einige der frühesten Särge waren klein und aus Lehm, Flechtwerk oder Holz gemacht, sodass der Körper darin in

gekrümmter Haltung auf der Seite lag. Im Mittleren Reich (ca. 2040–1785) standen oft körperlange doppelte Holzsärge zur Verfügung. Der innere konnte die Form einer Mumie besitzen, der äußere war rechteckig. Auf der Innenseite war dieser rechteckige Sarg mit persönlichen Gegenständen und magischen Texten ausgestattet, während sich auf der Außenseite ein großes gemaltes Augenpaar in Höhe der linken Schulter der Mumie befand, damit diese aus dem Sarg in die Welt blicken konnte. Diese Augen wurden oft über einer gemalten Türöffnung dargestellt, durch die der Geist der Mumie in die Grabkammer beliebig ein- und ausfliegen konnte.

Die typischen Särge in Mumienform mit idealisierten Gesichtsmasken stammen zumeist aus dem Neuen Reich oder späterer Zeit. Die stereotypisierten Gesichter hatten oft einen Zeremonienbart, um ihre symbolische Identifikation mit dem toten König Osiris zu unterstreichen. Die Särge bestanden gewöhnlich aus dünnen Holzbrettern und waren mit dem Bild der Himmelsgöttin Nut bemalt, die ihre Flügel schützend über den Deckel ausbreitet, da sie traditionell als Mutter des mit ihrem göttlichen Sohn Osiris verbundenen Toten

Ganz oben: Die Szene zeigt das Wiegen des menschlichen Herzens als Teil des Totengerichts im Jenseits. Aus dem *Totenbuch* des Schreibers Hunefer, ca. 1310 v. Chr. (Britisches Museum, London).

Oben: Ein Satz Kanopen aus Kalkstein zur Aufnahme der inneren Organe der Mumie, ca. 1000 v. Chr. (Britisches Museum, London).

Gegenüber: Einige Särge wurden aus Stein gemeißelt wie dieser für einen Wesir gefertigte schöne Mumiensarg aus Basalt, ca. 500 v. Chr. (Britisches Museum, London).

29472

galt. Häufig traten die über der Brust gekreuzten Arme der Mumie als Hochrelief plastisch hervor. Aufgemalte Halsketten aus Juwelen oder Blumen gaben den tatsächlichen Schmuck wieder. Der Kopf der Mumie war oft in eine feste Maske eingeschlossen – durch Harz und Öl verklebte Leinenbinden, die mit einer Gipsschicht überzogen wurden. Diese Maske bedeckte oft den ganzen Körper und bildete eine ideale Grundlage für kunstvolle Verzierungen. Manchmal wurde ein bemaltes und modelliertes Brett über den im Sarg liegenden Körper gelegt, um einen Doppelsarg vorzutäuschen.

In der Zeit der Saiten (nach 600 v.Chr.) entstanden prachtvolle Särge in Mumienform aus Granit oder Basalt, und die Mumie darin war oft mit einem Perlennetz bedeckt. In der Spätzeit wurden viele Leichname nicht einmal einbalsamiert, sondern einfach mit Pech bestrichen und mit Binden umwickelt. Obwohl die lebenswichtigen Organe häufig im Körper belassen wurden, stellte man Kanopenattrappen für sie auf, die eine rein symbolische Funktion besaßen. In hellenistisch-römischer Zeit ersetzte man die idealisierte Gesichtsmaske oft durch ein realistischeres, auf eine Holztafel gemaltes Porträt, während die Bandagen in komplexen geometrischen Mustern gewickelt wurden.

Nur wenige königliche Särge sind erhalten geblieben. Wir wissen jedoch, dass sie aus vergoldetem Holz bestanden und Einlegearbeiten aus Glasfluss und Halbedelsteinen aufwiesen. Intakte Beispiele sind die drei ineinander verschachtelten Särge von Tutenchamun. Sie steckten in einem rechteckigen Steinsarkophag, der innen und außen mit farbigen Reliefs von Totengöttern geschmückt war. Zu den schönsten Steinsarkophagen gehört jener von König Sethos I.: Er besteht aus weißem Kalzit und zeigt Reihen von blauen figürlichen Einlegearbeiten aus Glasfluss. Die Könige der 21. und 22. Dynastie von Tanis (ca. 1075–712) wurden in mumienförmigen Särgen aus versilbertem und vergoldetem Holz bestattet, zwei von ihnen mit silbernen Falkenköpfen.

Die ewige Wohnstätte der Mumie war die Grabkammer. Der Typus des Grabes variierte je nach Periode, Region und dem Stand des Besitzers. Die überwältigende Mehrheit der einfachen Leute in Altägypten erhielt sicherlich nur ein schlichtes Begräbnis in der Wüste mit wenigen Beigaben. Die Grabstätten der Privilegierten, die sich eine kunstvollere Bestattung leisten konnten, waren entweder aus Stein oder Ziegeln gebaut oder aus dem anstehenden Felsen herausgemeißelt. Die Gräber des Alten Reiches hatten eine Scheintür,

Oben: Kunstvoll bandagierte Mumie eines Kalbs, ca. 30 v. Chr. Die Ägypter mumifizierten auch Tiere (Britisches Museum, London).

Unten: Das aus Holz geschnitzte Gesicht mit eingelegten Lapislazuli- und Glasaugen stammt aus einem Sarg (Britisches Museum, London).

Gegenüber: Vergoldete Mumienmaske, die aus mit Gips bestrichenen Leinen- oder Papyrusstreifen hergestellt wurde (Britisches Museum, London).

Rechts: Die Grabkammer von Königin Nefertari, Gattin Ramses' II. Wahrscheinlich die altägyptische Grabstätte mit den schönsten Malereien, ca. 1250 v. Chr.

Unten: Mit Schriftbändern und einem Gebet für Speiseopfer verzierter Holzsarg. Am Kopfende zwei große aufgemalte Augen, die der Mumie Ausblick gewähren. Sie sind über einer gemalten Tür angebracht, durch die der Geist des Verstorbenen hindurchfliegen konnte, ca. 2000 v. Chr. (Britisches Museum, London).

die als magischer Eingang diente, durch den der Geist des Verstorbenen von der Grabkammer auf der Westseite in den Tempel im Osten gelangen konnte. Hier konnte der Geist an den von den Angehörigen oder den Priestern dargebrachten Speise- und Trankopfern teilnehmen. Auf den Reliefs der Grabwände sorgten Darstellungen der Feldbestellung, Jagd und Fischerei sowie Szenen vom Backen und Bierbrauen dafür, dass dem Verstorbenen die Vorräte nie ausgingen. Im Laufe der Zeit wurden sie durch Holz- und Tonmodelle und eine große Vielfalt von persönlichen Besitztümern ergänzt. Die königlichen Grabanlagen im Tal der Könige in Theben wurden komplett abgeschlossen, verfügten aber über Eingangsstufen zu vier Gängen oder Korridoren, einer Halle und einer Grabkammer. Sie hatten symbolische Bedeutung für die Reise des Geistes in das jenseitige Leben.

Die Reise des Geistes wird detailliert auf Papyri beschrieben, die seit dem Neuen Reich häufig in Gräbern niedergelegt wurden. Diese religiösen Schriften sind als *Totenbücher* bekannt, sie waren Kopien von Steininschriften aus dem Alten Reich, den sogenannten Pyramidentexten. Die vorrangig magische Funktion dieser Schriften bestand darin, dem Verstorbenen ein glückliches Leben nach dem Tod zu sichern und ihm die Kraft zu geben, sein Grab, wenn nötig, zu verlassen. Sie enthalten Darstellungen von Anubis, dem Gott der Mumifizierung, und zeigen das Totengericht vor Osiris, dem König der Toten. Die Persönlichkeit oder der Geist des To-

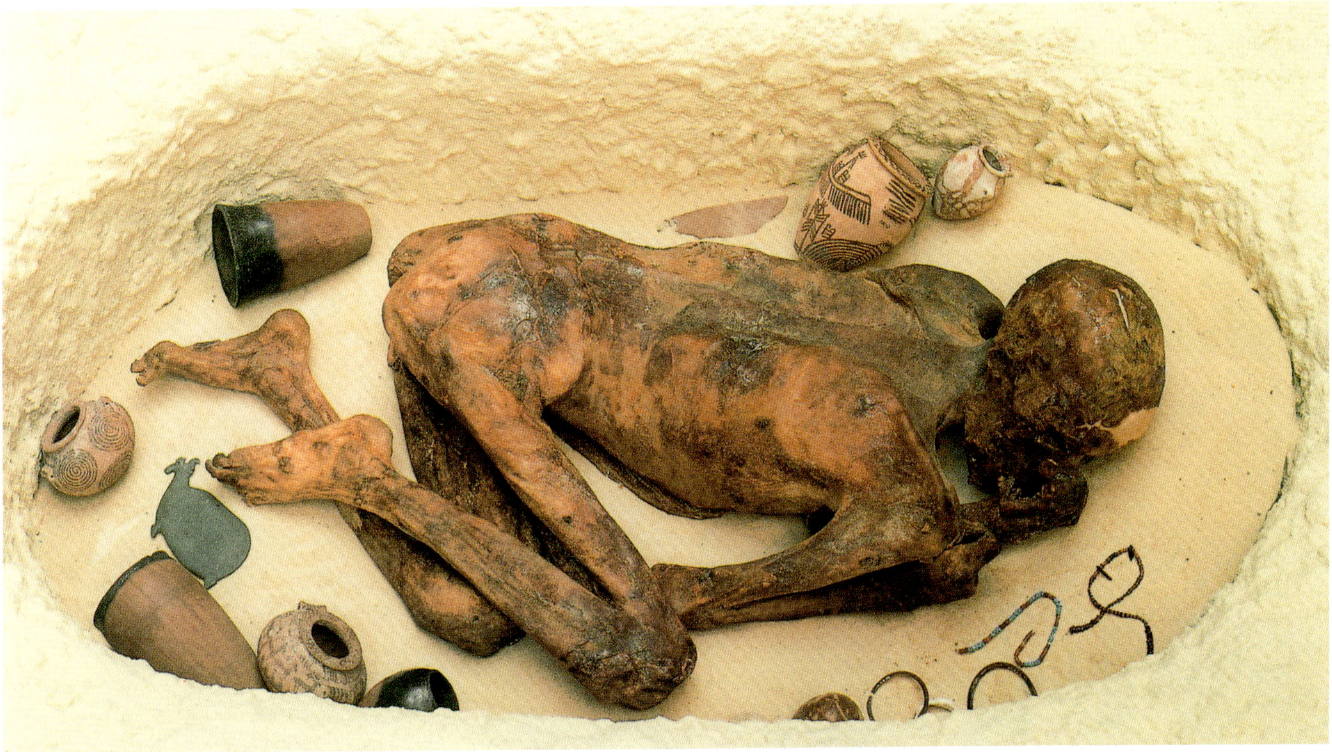

Oben: Der Körper eines Mannes, der auf natürliche Weise im heißen und trockenen Sand seines Grabes erhalten blieb. Der heiße Sand absorbierte die Feuchtigkeit, die Bakterien anzieht und zur Verwesung führt. Dieses schlichte Grab konservierte den Körper weit besser als die kunstvollsten Grabstätten und Balsamierungsmethoden, ca. 3200 v. Chr. (Britisches Museum, London).

ten wird mit dem Ba-Vogel gleichgesetzt, dem bildlich über der Mumie schwebenden Vogel mit Menschenkopf.

Die königlichen Gräber im Tal der Könige und Königinnen in Theben wurden schon in alter Zeit immer wieder ausgeraubt. Um weitere Grabschändungen zu unterbinden, nahmen die thebanischen Priester die Mumien heimlich aus ihren Gräbern und verbargen die meisten von ihnen in einem tiefen Schacht in der Felswand. Die im 19. Jahrhundert von Dorfbewohnern entdeckten Mumien wurden von der Ägyptischen Altertümerverwaltung sichergestellt. Als man sie 1881 nach Kairo ins Museum transportierte, deklarierte der ratlose Zollbeamte die sterblichen Überreste als Trockenfisch.

Die meisten der Mumien, die in der ganzen Welt in Museen und Sammlungen ausgestellt sind, stammen aus der letzten Periode des Reiches, in der ganze Familien in Katakomben bestattet wurden. Mit religiösen Szenen reich bemalte Särge ersetzten individuelle Gräber. Als die Mumien Marktwert erlangten, wurden auch diese Grabstätten, in denen sich die Mumien stapelten, ausgeraubt. Im 16. Jahrhundert schrieb man ägyptischen Mumien besondere Heilkräfte zu und zermahlte sie zu Pulver, um Medizin daraus zu machen. Zur Befriedigung der wachsenden Nachfrage stellte man falsche Mumien mit Leichen von Hingerichteten her. Im 19. Jahrhundert wurden Mumien auch zermahlen, um daraus eine Farbe für Kunstmaler herzustellen, die in Tuben mit der Aufschrift „mummy“ in den Verkauf gelangte. Die alten Ägypter mumifizierten auch alle Arten von heiligen Tieren. Zur Jahrhundertwende wurden etwa 300 000 Katzenmumien nach Liverpool verschifft und zu Dünger verarbeitet.

Leistungsfähige Elektronenmikroskope, forensische Tests und Röntgenuntersuchungen ermöglichen es heute oft Krankheiten, an denen die alten Ägypter litten, Todesursachen und ihre Ernährungsgewohnheiten zu bestimmen. Die Zähne von Mumien geben Auskunft über die verzehrten Lebensmittel und belegen zudem, dass Zahnheilkunde betrieben wurde. So wurden Zähne mit einer mineralischen Zementfüllung oder einer Golddraht-Verankerung entdeckt. Durch das Bestimmen von Blutgruppen und Erbgut königlicher Mumien ist es auch möglich, Verwandtschaften zu erkennen. Die Ermittlung des Alters einiger Könige zum Zeitpunkt ihres Todes kann ebenso helfen, die Regierungszeiten oder Daten wichtiger Ereignisse zu korrigieren und festzulegen.

KAPITEL SECHS

Alltagsleben im alten Ägypten

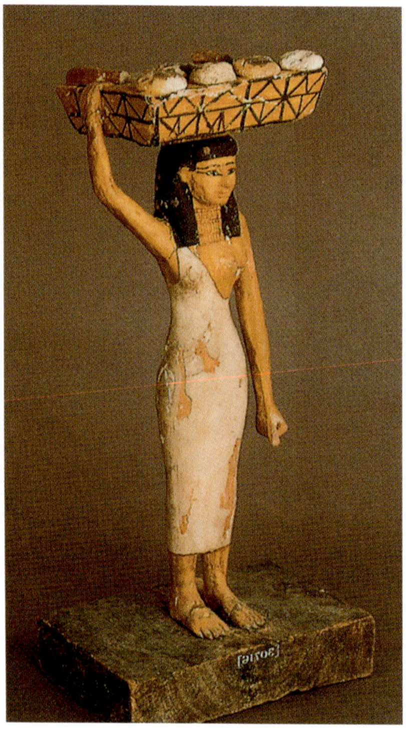

Wichtige Informationsquellen für das Leben der alten Ägypter sind alltägliche Gegenstände und die Wandmalereien in den Gräbern. Die Ägypter glaubten, dass diese Darstellungen ihrer irdischen Tätigkeiten und Vergnügungen ihnen im Jenseits helfen würden. Während zahlreiche aus Stein errichtete Gräber und Tempel bis heute erhalten geblieben sind, haben nur wenige Wohnhäuser die Jahrhunderte überdauert: Sie wurden aus Lehmziegeln gebaut, die mit der Zeit zerfielen. In einigen Fällen blieben aber vor Jahrtausenden gegründete Städte und Dörfer bis heute kontinuierlich besiedelt, wobei die Häuser immer wieder erneuert und das Material wiederverwertet wurde. Manche der heutigen ägyptischen Dörfer dürften in ihrer Bauweise noch den antiken Vorbildern ähneln. Andere Siedlungen wurden ganz verlassen und erst in neuerer Zeit wieder ausgegraben. Die beiden bedeutendsten Grabungsstätten dieser Art sind König Echnatons Stadt bei el-Amarna und das für die im Tal der Könige tätigen Arbeiter und Handwerker errichtete Dorf Deir el-Medina. Diese Arbeitersiedlung wuchs vier Jahrhunderte hindurch weiter. Rechteckige Mauern umgaben die Straßen und Häuser, die nach einem regelmäßigen Muster angelegt wurden. Die einzelnen Häuser waren in der Regel gleich groß, mit Ausnahme der stattlicheren Bauten der Vorarbeiter.

Ein typisches Haus hatte drei Haupträume mit einem als Küche fungierenden Hof und zwei Kellern für die Vorratshaltung. Für religiöse Steininschriften, Bilder von Haushaltsgöttern oder Büsten der Vorfahren gab es Nischen in den Wänden. Es gab auch viele Häuser mit zusätzlichen Arbeits-, Werk- und Verkaufsräumen. In el-Amarna bestanden die schönsten Häuser aus zwei Etagen und Vorratsräumen im Erdgeschoss, einer Empfangshalle, Küche und Dienstbotenquartieren. Einige hatten sogar Badezimmer und Toiletten. Eine Reihe von eingefriedeten Häusern wies einen Innengarten mit einem Fischteich und Schatten spendende Bäume auf. Die Möblierung bestand aus Betten, kleinen Tischen und hölzernen Kisten zur Aufbewahrung von Geschirr und Schmuck. Matten und Textilien schmückten die Innenräume.

Oben: Bemaltes Holzmodell einer Frau mit einem Korb voller Gebäck (Britisches Museum, London).

Wie andere Völker auch, benutzten die Ägypter Kopfstützen statt Kopfkissen zum Schlafen. Viele dieser Kopfstützen aus Holz, Elfenbein und Stein sind erhalten geblieben. Sie bestehen aus einem geschwungenen Nackenteil, befestigt auf einer kleinen Säule mit einem Unterteil. Als Lampen dienten Gefäße aus Ton oder Stein, die Öl und einen Docht enthielten. Tonfackeln wurden in eine Halterung an der Wand gesteckt. Küche und Keller hatten Lehmöfen und Vorratskrüge für Wein, Öl und Getreide.

Die in Deir el-Medina lebenden Arbeiter waren teils ungelernte Schwerarbeiter, teils hochspezialisierte Handwerker. Das Tal barg die Überreste ihrer Häuser, Gräber, Kapellen, Gasthäuser samt Hausmüll. Man fand Aufzeichnungen über den Fortlauf der Bauarbeiten, und es gibt sogar Belege für den wohl ersten Streik in der Geschichte, als sich die Versorgungslieferungen für die Arbeiter verzögerten. Die Arbeit war so organisiert, dass die Handwerker ihr Haus und das Dorf verließen und zu der jeweils im Bau befindlichen Grabstelle zogen. In kleinen Steinhütten untergebracht, blieben sie dort acht Tage, um dann für zwei Tage wieder nach Hause zu ihren Familien zurückzukehren. Ein Schreiber kontrollierte die Ankunft der Arbeiter. Aus den erhaltenen Anwesenheitslisten wissen wir, dass ganze Tage mit Bierbrauen, Trinken und Hausbau ausgefüllt waren; außerdem gab es viele religiöse Feiertage. Der Lohn wurde in Naturalien aller Art ausbezahlt. Die Arbeiter halfen einander beim Bau der eigenen Gräber und übernahmen auch häufig private Aufträge.

Aus Deir el-Medina sind viele offizielle Dokumente, die sich mit Verbrechen und Strafen, Erbschaften und geschäftlichen Transaktionen befassen, überliefert. Die alten Ägypter hatten ein Rechtssystem mit Gerichtshöfen und Richtern und kannten viele Bestrafungen, darunter sogar Zwangsarbeit. Es gab eine Art Polizeitruppe, die abgerichtete Hunde einsetzte. Das Rechtssystem erkannte Zeugenschaft unter Eid an, denn die Schriftsätze enthalten oft Signaturen von Zeugen. Dokumente wurden amtlich, indem man ihnen ein Siegel aufdrückte und sie in einem Archiv oder Tempel aufbewahrte. Die alten Ägypter unterhielten Schulen zur Ausbildung künftiger Schreiber und Beamter, die für die Priesterschaft oder die Zivilverwaltung bestimmt waren. Die königliche Familie hatte eigene Lehrer, während das Volk zu Hause unterwiesen wurde.

Unten: Wandgemälde aus einem thebanischen Grab: Goldschmiede und Zimmerleute bei der Arbeit.

Links: Bemaltes Holzmodell: zwei Männer beim Brotbacken, ca. 2000 v. Chr. (Britisches Museum, London).

Unten: Bemaltes Holzmodell eines pflügenden Bauern (Britisches Museum, London).

Die Väter gaben Wissen und berufliche Kenntnisse an ihre Söhne weiter. Bei den Handwerkern wie bei den Beamten musste der Anfänger eine Lehre durchlaufen. Kunstfertigkeit stand in hohem Ansehen, doch wurde zwischen Handwerker und Künstler kein Unterschied gemacht, und Künstler wurden namentlich nicht genannt. Handwerker, deren Leistungen angesichts der damaligen primitiven Werkzeuge erstaulich sind, standen im Dienst des Königs oder der Tempelpriester.

Ihre größten Leistungen lagen auf dem Gebiet der Skulptur – der Vollplastik wie des gemeißelten Reliefs. Von früh an verstanden sie sich auf die Herstellung feiner Steingefäße. Bei der Holzbearbeitung haben die ägyptischen Tischler mit ausgereifter Technik Meisterstücke hervorgebracht. Einlegearbeiten und Furniere waren allgemein übliche Bearbeitungstechniken. Zu ihren Werkzeugen, die wahrscheinlich aus Kupfer bestanden, gehörten Äxte, Sägen, Hohlbeile, Meißel und Bohrer. Das weitgehend importierte Holz wurde hauptsächlich aus der Zeder, der Sykomore, der Akazie, dem Ebenholzbaum und der Palme gewonnen. Die Goldschmiede schufen meisterhafte Ketten, Armbänder und Kronen und verstanden sich auf Techniken wie das Ziselieren, Gravieren, Stanzen, auf Einlege- und Filigranarbeiten sowie das Emaillieren. Sie schlugen Gold zu Blattgold, das nur 0,005 mm dick war und durchbohrten kleinste Edelsteine und Perlen präzise mit einem Bogenbohrer. Kupfer wurde unter Nutzung eines Blasebalgs geschmolzen, und für den Bronzeguss verwendete man die sogenannte verlorene Wachsform. Diese Metalle wurden für Werkzeuge, Waffen, rituelle Gegenstände und religiöse Bildnisse eingesetzt.

Auch die Anfertigung von Glas und glasierten Gegenständen aus Ton stand bei den Ägyptern in hohem Ansehen. Fayencen mit blau-grüner oder türkisfarbener Glasierung wurden in großen Mengen hergestellt. Daneben verstanden sie sich auf die Herstellung von Leinen in hervorragender Qualität. In

Tutenchamuns Grab entdeckte man einen Schal aus dem feinsten überhaupt bekannten Leinen. Man schätzt, dass etwa 3000 Stunden benötigt wurden, um ihn zu weben. Mit dem Weben ging die Produktion von Matten, Körben und Seilen einher, für die man Binsen, Flachs, Papyrus, Palmfasern und Gras verwendete. Zahllose Körbe und Töpferwaren sind erhalten geblieben, die als Gefäße für den Haushalt dienten.

Die Mehrzahl der Bevölkerung war in der Feldbestellung tätig, daneben wurden die Männer regelmäßig für königliche Bau- und Bewässerungsprojekte rekrutiert. Diese „Zwangsverpflichtung" betraf jedermann, doch privilegierte Beamte konnten einen bezahlten Ersatzmann stellen. Kriegsgefangene aus fremden Ländern und Straftäter wurden häufig in Gruppen für die schwere Arbeit im Steinbruch eingesetzt. Die Arbeiter wurden in Naturalien bezahlt. Selbst die ärmsten Landarbeiter und häuslichen Bediensteten waren keine Sklaven im üblichen Sinn des Wortes, denn alle Ägypter hatten Rechte und konnten über ihre Besitztümer frei verfügen. Es gab kein in freie Staatsbürger und Sklaven unterteiltes System wie im antiken Griechenland und in Rom. Doch brachte die ägyptische Gesellschaft keine echte Mittelschicht hervor, ihre soziale Struktur war eine Hierarchie von Beamten und Bauern, in der jeder letztlich dem Pharao diente, der als Gottkönig den Staat verkörperte.

Neben Getreide wurde Flachs in großen Mengen angebaut, fein versponnen und zu Leinen verarbeitet. Große Rinderherden, daneben auch Schafe, Schweine und Esel, wurden gezüchtet. Überschüssige landwirtschaftliche Erträge und Leinen exportierte die königliche Regierung, die den Handel kontrollierte, ins Ausland. Auf ländlichen Märkten wurde Tauschhandel betrieben. Die alten Ägypter kamen während ihrer langen Geschichte ohne Geld im eigentlichen Sinn aus. Sie legten der Bezahlung von Gütern und Diensten eine offiziell festgelegte Werteinheit zugrunde, die vorgeschriebenen

Oben: Bronzespiegel, ursprünglich auf Hochglanz poliert (Britisches Museum, London).

Rechts: Kleiner Schminkkoffer mit kosmetischen Tiegeln und Flaschen und einem Paar Sandalen.

Rechts: Das Arbeiterdorf in Deir el-Medina.

Unten: Ein Dolch mit goldenem Griff (Britisches Museum, London).

Beträgen von Gold, Silber oder Kupfer entsprach. Zahlungen konnten in festen Gewichten oder Ringen des Metalls selbst erfolgen (anders als Münzen hatten diese Stücke keine offiziellen Markierungen als Garantie für ihren Wert) oder im Tausch mit Feldprodukten oder Vieh.

Die Familie bildete den Kern der ägyptischen Gesellschaft, und frühzeitige Heirat und Elternschaft wurden gefördert. Viele Ehen dürften arrangiert worden sein, aber erhalten gebliebene romantische Liebeslyrik spricht dafür, dass es doch eine gewisse Herzenswahl gab. Meist wurde innerhalb derselben sozialen Gruppe geheiratet, wobei Verbindungen zwischen Onkel und Nichte oder Cousin und Cousine üblich waren. Die Worte „Bruder" und „Schwester" waren allerdings oft nur Ausdruck höflicher Zuwendung im schriftlichen Austausch, haben aber zu der irrigen Annahme geführt, die Ägypter hätten Inzest begangen. Es gab keine religiöse oder zivile Hochzeitszeremonie, obwohl der Anlass als Familienfest gefeiert wurde. Die Eheschließung war eine private Übereinkunft, bei der ein Vertrag die Rechte beider Parteien hinsichtlich Versorgung und Besitz festlegte. Daraus ergab sich eine faktische Gleichstellung von Mann und Frau. Kam es zur Scheidung, wurden die Rechte der Frau ebenso geschützt wie die des Mannes. In einigen Perioden der ägyptischen Geschichte hatte selbst eine Ehebrecherin ein gewisses Recht auf Versorgung durch ihren Ehemann. Ungeachtet des Ehevertrags, der die Möglichkeit der Scheidung einschloss, waren die Ehen vermutlich meist von Zuneigung geprägt und keinesfalls kurzlebig. Viele Statuen und Wandmalereien zeigen Ehepaare in liebevollem Einvernehmen, und schriftliche Quellen bezeugen häufig aufrichtige und intakte Beziehungen.

Viele Grabmalereien stellen opulente Festmähler mit vielen Nahrungsmitteln dar. Diese hatten eine magische Funktion, vermitteln aber den irrigen Eindruck, dass die Ägypter über endlose Vorräte an Lebensmitteln verfügten. Der durchschnittliche ägyptische Landmann lebte wahrscheinlich von ein paar kleinen Broten, einem Topf Bier und einigen Zwiebeln. Grundnahrungsmittel war stets das Brot, von dem es zur Zeit des Neuen Reiches nicht weniger als 40 Sorten in ovalen,

Oben links: Bemalte Figur einer sitzenden Frau aus Kalkstein in typischer Kleidung (Britisches Museum, London).

Ganz oben rechts: Ein Ehepaar mit Speiseopfern und Wein in Vorratskrügen.

Oben rechts: Türkisfarben glasierter Trinkbecher in Form einer Lotosblüte (Britisches Museum, London).

Rechts: Fein gemeißelte Kalksteinstatue eines Ehepaars mit aufwendig gearbeiteten Perücken (Britisches Museum, London).

Oben: Männer bei der Traubenernte zur Weinbereitung. Wandgemälde aus einem thebanischen Grab.

Gegenüber: Gruppe von Musikerinnen mit Bogenharfe, Laute, Doppelschalmei und Lyra.

Links: Mit farbigem Elfenbein eingelegte Holzschatulle. Daneben eine Auswahl typischer ägyptischer Schmuckstücke und Amulette (Britisches Museum, London).

runden oder konischen Formen gab. Verschiedene Mehlsorten, Honig, Milch und Eier wurden manchmal hinzugefügt. Das Fleisch von Rind, Ziege, Schaf, Schwein, Gans und Taube gehörte zu den bevorzugten Speisen. Doch Fleisch war in dem heißen Klima nicht lange haltbar, weshalb es für die meisten Menschen wohl nur an religiösen Festtagen zur Verfügung stand. Fisch wurde häufiger gegessen, besonders von den Bewohnern des Schwemmlands.

Neben den Getreidesorten, aus denen Brot gemacht wurde, lieferte das Land viele Arten von Gemüse, darunter Lauch, Zwiebeln, Knoblauch und Gurken. Feigen, Datteln, Granatäpfel und Trauben gehörten zu den verfügbaren Früchten. Die Landgüter lieferten Milch, Milchprodukte und Eier. Honig, zu dessen Gewinnung man Bienenkörbe aufstellte, spielte eine große Rolle. Bier war das beliebteste Getränk und wurde aus Hafer bereitet, der gemahlen und zu einem Teig verknetet und wie Brot leicht gebacken wurde. Dieses Brot wurde in Wasser eingeweicht, vielleicht mit dem Zusatz von Datteln zum Süßen. Nach der Gärung wurde die Flüssigkeit durch ein Sieb in einen Topf ausgedrückt. Die Ägypter stellten auch Wein her, für den viele Regionen Berühmtheit genossen. Er wurde in versiegelten Tonkrügen aufbewahrt und trug ein Etikett mit Angaben über seine Herkunft, den Hersteller und das Datum. Von Trunkenheit nach Festlichkeiten wird häufig berichtet.

Die Kleidung der alten Ägypter kennen wir von zahllosen Skulpturen und Wandgemälden, darüber hinaus kamen in Gräbern viele Kleidungsstücke zum Vorschein. Im Grab Tutenchamuns fanden sich über 100 Lendentücher und etwa 30 Handschuhe einschließlich Fäustlingen zum Wagenlenken. Das älteste erhalten gebliebene Gewand der Welt wurde in Tarkhan in Ägypten gefunden und stammt aus dem Jahr 2800 v. Chr. Weißes Leinen diente als übliches Material für die Kleidung, da es kühl und leicht war. Die Kleidungsstücke wurden oft sorgfältig plissiert und fielen locker am Körper herab. Vor allem einfache knöchellange Tuniken waren beliebt, die später im Neuen Reich oft falten- und fransenreicher wurden. Die Frauen zogen über diesem Kleid auch manchmal ein elegantes, reich gefälteltes oder netzartiges Obergewand an. Die Männer trugen gewöhnlich den traditionellen knielangen Schurz aus einem rechteckigen Stück Leinen, der um den Körper gelegt und an der Taille gebunden wurde. Dieser Schurz, unter dem man ein Lendentuch trug, wurde vorn manchmal plissiert, gefältelt oder auch gestärkt.

Gelegentlich wurde ein mantelartiger Umhang um die Schultern gelegt. Arbeiter trugen nur ein Lendentuch, während Kinder oft nackt abgebildet sind. Die Wohlhabenden verfügten über einen Wäscheservice mit genauen Wasch- und Plissieranweisungen, die sich in zahlreichen Wäschelisten und -markierungen erhalten haben. Als Schuhwerk gab es Sandalen aus geflochtenen Binsen, Gras oder Leder.

Kunstvoller und farbenfroher Schmuck bildete einen prächtigen Kontrast zu den meist einfarbigen Kleidungsstücken. Schmuck war sowohl persönliche Zierde als auch Schutz gegen böse Einflüsse. Die alten Ägypter schmückten sich vor allem mit mehrreihigen Ketten aus Goldperlen und Karneol, Jaspis und Lapislazuli. Auch Armbänder, Arm- und Fußreifen waren beliebt, während Fingerringe häufig ein Siegel trugen. Im Neuen Reich hatten sowohl Männer wie Frauen durchbohrte Ohrläppchen für prachtvolle Ohrgehänge und Ohrpflöcke. Skulpturen und Wandgemälde zeigen zahlreiche modische Haartrachten. Männer trugen gewöhnlich einen der Kopfform entsprechenden Rundschnitt. Sie waren in der Regel glatt rasiert, denn Rasiermesser wurden schon seit der Frühzeit Ägyptens benutzt. Die Priester rasierten sich den Kopf, ebenso die wohlhabenderen Männer und Frauen, die allerdings Perücken aus Menschenhaar mit einer Auspolsterung aus Pflanzenfasern trugen. Einige dieser Perücken mit sorgfältig gelegten Locken und Zöpfen und Perlenornamenten sind uns erhalten geblieben.

Die Ägypter liebten Kosmetika, und Männer, Frauen und Kinder benutzten *khol*, eine Lidfarbe, um das Auge dunkel zu umranden. Die schwarze Paste war nicht nur dekorativ, sondern schützte die Augen vor Infektionen und vor der brennenden Sonne. Roter Ocker wurde zum Färben der Wangen und wahrscheinlich als Lippenstift benutzt, Henna dagegen als Haarfärbemittel. Zahllose Bronzespiegel sind ausgegraben worden, die ursprünglich auf Hochglanz poliert waren, dazu eine Vielzahl von Kosmetiktiegeln, Löffeln und Pinseln. Medizinische Papyri erwähnen Rezepte für Cremes und Öle, um die Haut weich und schmiegsam zu erhalten. Parfüms, die manchmal Monate zur Herstellung in Anspruch nahmen, waren beliebt und wurden bei gewissen Festlichkeiten auch von Männern benutzt. Die Frauen trugen Kegel aus duftender Salbe auf dem Kopf, die langsam schmolzen und Haar und Kleidung parfümierten.

Die Ägypter stellten in ihren Gräbern ihre Lieblingsbeschäftigungen dar, weil sie diese auch im Jenseits genießen

Gegenüber: In ein kunstvoll plissiertes Gewand gehüllte Grabfigur mit geflochtener Perücke (Britisches Museum, London).

Rechts: Ein schön gearbeiteter Hocker aus Elfenbein und Ebenholz mit Ledersitz (Britisches Museum, London).

wollten. Die Jagd war beim Adel und den Reichen beliebt, aber auch Sport wie Schwimmen, Ringen, Boxen, Stockfechten, Ballspiele, Gymnastik und Akrobatik fanden Anklang. Ebenso sind viele Darstellungen von Bankettszenen bekannt, die Auftritte von Akrobatinnen und Tänzerinnen zeigen. Das Tanzen mit rhythmischer Begleitung durch Klatschen, Sistrum, Rasseln, Tamburin und Gesang war auch bei religiösen Festen beliebt. Musik galt als unverzichtbare Begleitung zum Tanz. Harfe und Langflöte waren die meistgespielten Musikinstrumente. Wahrscheinlich stammt die erste uns bekannte Darstellung eines Orchesterkonzerts aus dem Jahr 250 v. Chr. Es fand anlässlich eines Festes zu Ehren des Pharaos Ptolemäus II. statt, bei dem 600 Musiker gleichzeitig spielten.

Die Ägypter vergnügten sich auch mit Brettspielen, von denen das beliebteste „Senet" hieß. Viele überaus dekorative, in Felder eingeteilte Bretter aus Holz und Elfenbein sind erhalten geblieben. Einige Bretter haben ein alternatives Spiel auf der Rückseite, das „Zwanzig Kästchen" genannt wurde. Daneben gab es auch das „Schlangenspiel" und „Hund und Schakal". Die Kinder spielten mit Bällen, Kreiseln, Puppen und Tierfiguren mit beweglichen Gliedern.

Unten: Aus einem Grab geborgenes Tonmodell eines Hauses mit Fenster und Dach-Windfang, um die frische Brise ins Haus zu leiten. Im Vorhof verschiedene Vorräte, ca. 1900 v. Chr. (Britisches Museum, London).

Oben: Eine Bankettszene mit Musikerinnen, Tänzerinnen und Weinkrügen. Auf ihren Köpfen tragen die Frauen Kegel aus Duftsalben, um ihre Perücken und Gewänder zu parfümieren. Wandgemälde aus einem thebanischen Grab, ca. 1400 v. Chr. (Britisches Museum, London).

Links: Ein Ehepaar beim Brettspiel namens „Senet". Aus einem Papyrus, ca. 1250 v. Chr. (Britisches Museum, London).

Rechts: Eine Frau in einem Gewand, wie es Ende des Mittleren Reiches von Beamten und Würdenträgern getragen wurde. Diese Statue besteht aus Quarzit, einem der härtesten Steine, die von den Ägyptern bearbeitet wurden (Britisches Museum, London).

Unten: Ein Mann mit Speiseopfern: einer Ziege, einem Hasen und einem Tablett mit Straußeneiern.

KAPITEL SIEBEN

Der Nil

Mit seinen 6671 Kilometern ist der Nil der längste Fluss der Welt. Er wird von zwei großen Strömen gespeist, dem Blauen Nil, der in Äthiopien entspringt, und dem Weißen Nil, der in Uganda seine Quelle hat. Beide verbinden sich bei Khartum zum Hauptstrom, der 2700 Kilometer nach Norden fließt, bis er ins Mittelmeer mündet. Der Lauf des Flusses wird an sechs Stellen durch Stromschnellen – die berühmten Nilkatarakte – unterbrochen. Der erste Katarakt in Assuan kennzeichnet den Beginn des eigentlichen Ägypten. Auf den letzten 160 Kilometern teilt sich der Nil in mehrere Mündungsarme und bildet das sogenannte Nildelta. Ägypten gliedert sich in zwei geografisch unterschiedliche Regionen: Unterägypten mit dem Marschland um das Nildelta und das trockenere Oberägypten, wo der Nil an beiden Uferstreifen von hohen Felsen eingeengt wird.

Alljährlich, wenn der Nil durch schwere Regenfälle in Äthiopien mächtig anschwoll, trat er über seine Ufer, und wenn das Wasser zurückwich, ließ der Fluss eine fruchtbare Schlammschicht zurück, die von den alten Ägyptern im Gegensatz zum „roten Land“ der Wüste „das schwarze Land“ genannt wurde. Der Nil schenkte ihnen Wohlstand und Wohlergehen, während die Wüste zu beiden Seiten des fruchtbaren Niltals Schutz vor Invasoren bot. Der Gegensatz zwischen diesen beiden geografischen Zonen prägte die Vorstellungen ihrer Bewohner. Für sie war der Nil der Mittelpunkt der Welt und die wichtigste Lebensader, die Osten und Westen trennte. Im Zyklus der Nilüberschwemmungen erblickten sie die Kontinuität des Lebens. Die Wüste galt als die Heimat der Toten und als Begräbnisstätte. Da die Sonne im Westen unterging, wählten die Ägypter die Wüstengebiete am Westufer zum Bau ihrer Grabanlagen. Nach der ägyptischen Mythologie wurde die Seele vom östlichen zum westlichen Ufer des Nils übergesetzt, und das alljährliche Auftauchen der Erdhügel aus den Fluten des Nils wiederholte den ägyptischen

Schöpfungsmythos. Die Ägypter nannten ihr Land „das Geschenk des Nils“. Die jährliche Überschwemmung wurde als die Ankunft des Nilgottes Hapi gefeiert.

Wenn die jährliche Flut des Nils zu hoch war, verwüstete sie die umliegenden Dörfer, wenn sie zu spärlich floss, konnten weite Teile des Landes nicht bebaut werden. Gab es mehrere Jahre hintereinander niedrige Fluten, herrschte Hungersnot. Der Nil machte die Ägypter von Anfang an zu einem Agrarvolk, und die Notwendigkeit, sich nach dem alljährlichen Zyklus des Flusses zu richten und vorausschauend zu planen, lag der Entwicklung ihrer Zivilisation entscheidend zugrunde. Von frühester Zeit an haben die Ägypter die Jahreszeiten nach dem Verhalten des Flusses bestimmt und den ersten praktikablen Jahreskalender von 365 Tagen, unterteilt in zwölf Monate, entwickelt. Es gab drei Jahreszeiten: die „Zeit der Überschwemmung“, *akhet*, dauerte von Juni bis Ende Sep-

Gegenüber: Sonnenuntergang am Nil.

Oben: Vogeljagd in den Marschen. Wandgemälde aus einem thebanischen Grab, ca. 1400 v. Chr.

Rechts: Der Flusstempel von Philae.

tember, „das Auftauchen aus dem Wasser“ oder *peret* begann im Oktober und dauerte bis zum Februar, und die „Trockenheit“ oder *schemu* schloss sich bis zum Juni an, wenn der Zyklus von Neuem begann.

Die Ägypter bauten Deiche zum Schutz der Dörfer vor Überschwemmungen. Daneben legten sie Bassins und Kanäle als Wasserspeicher an, um bei Bedarf darüber verfügen zu können. Das war eine schwierige Aufgabe, denn zu diesem Zweck mussten ganze Landstriche vermessen, Hügel abgetragen und Bodensenken aufgefüllt werden. Das Wasser wurde in künstlich angelegte Kanäle geleitet, die durch alle Provinzen führten. Diese Kanäle mussten gegraben und gereinigt und ihr Verlauf so geplant werden, dass sie so viele Felder wie möglich gleichmäßig bewässerten. Das in den Reservoirs oder in Bassins gesammelte Wasser wurde durch primitive, aber effektive Mechanismen in Bewässerungskanäle eingespeist. Der im Neuen Reich eingeführte *schaduf* erleichterte die Arbeit beträchtlich und befindet sich bis heute in Ägypten in Gebrauch. Dieses Wasserhebegerät besteht aus einem schlichten, auf einer Stütze befestigten Hebearm mit einem Wasserbehälter am längeren und einem Stein am kürzeren Ende. Der Wasserbehälter wird am Seil nach unten geführt und gefüllt, das Gewicht zieht ihn dann wieder auf die Höhe der Bassinkante. Am Ende des Sommers wurden Löcher in die Deiche gebohrt, und wenn die erforderliche Menge schlammigen Wassers hindurchgeflossen war, wurde das Loch wieder verschlossen. War das Wasser absorbiert, wurde gesät und gepflanzt.

Unten links: Modell-Segelboot. Am Bug prüft ein Mann die Wassertiefe, während das lange Ruder zum Steuern benutzt wird, ca. 1800 v. Chr. (Britisches Museum, London).

Oben: Nach dem Bau des Assuan-Staudamms mussten die Tempel von Philae auf eine nahe gelegene Insel verlegt werden – eine organisatorische Meisterleistung.

Der Bau und die Erhaltung von Deichen, Reservoirs und Kanälen erforderte eine große Anzahl von Arbeitern, die praktisch zwangsverpflichtet wurden. Zur Entwicklung der ausgeklügelten Bewässerungssysteme wurde Ägypten in eine Anzahl von Gauen eingeteilt, meist benannt nach den Standartenzeichen der dort ansässigen Stämme, z. B. Antilopengau. Politische Krisen waren bedrohlich, denn dann bestand Gefahr, dass die Wasserverteilung in Unordnung geriet, was den Zusammenbruch der Wirtschaft zur Folge gehabt hätte. In einem Land, das nahezu keinen Regen kannte, machte es allein die Bewässerung möglich, Getreide anzubauen und Menschen zu ernähren. Auch speicherte man Getreide für schlechte Zeiten, wie schon die Josefslegende berichtet. Die Ägypter schufen sogenannte Nilmesser, um den jeweiligen Höchststand der Nilflut zu ermitteln. Als die Grenzen weiter nach Süden verschoben wurden, legte man auch dort neue Nilmesser an, um so früh wie möglich über die jährliche Fluthöhe informiert zu sein.

Der Nil war auch eine wichtige Verkehrsader, denn anders als der Transport über Land erwies sich der Wasserweg als preisgünstig und schnell, da alle Städte und Dörfer leicht per

Oben: Fischen auf dem Nil mit einem Schleppnetz. Wandgemälde aus einem thebanischen Grab, ca. 1250 v. Chr.

Links: Sonnenuntergang am Nil.

Unten: Gänse, Wandgemälde in Medum, ca. 2500 v. Chr.

Boot zu erreichen waren. Der Nil ist kein gefährlicher Fluss, heutzutage werden in der Hauptsache gemächliche Vergnügungsfahrten auf ihm unternommen. Die nötige Kraft zur Fortbewegung wird durch die Strömung und den Wind erzeugt. Die Strömung liefert genügend Antrieb, um flussabwärts zu gleiten, während der ständig von Nord nach Süd wehende Wind die Segel für die Fahrt flussaufwärts bläht. Die früheste Darstellung eines Segelschiffs ist auf einem ägyptischen Gefäß aus der Zeit um 3200 v. Chr. zu finden. Die Ägypter waren Pioniere auf dem Gebiet des Schiffbaus und stellten viele verschiedene Typen von Booten für unterschiedliche Aufgaben her. Landwirtschaftliche Produkte, Viehherden, Truppen, Holz, Steine sowie Begräbnisprozessionen wurden auf dem Nil und seinen Kanälen befördert. Die Werften konnten Schiffe von etwa 70 Metern Länge vom Stapel lassen, die entweder aus einheimischem Holz oder aus libanesischen Nadelbäumen gefertigt wurden. Ganze Schiffe, Modelle, detaillierte Zeichnungen und ein technisches Vokabular zur Unterscheidung der verschiedenen Bootstypen, dazu Listen ihrer Ausstattung, sind erhalten geblieben.

Das Gebiet um das Nildelta war sehr fruchtbar, und das Marschland war reich an Tieren. Man teilte das Land in Gebiete für die Jagd, die Viehzucht, die Fischerei und für die Ernte wilder Früchte. Die Fischerei war eine einträgliche Beschäftigung, die von den Anwohnern der Seen und Marschen in Gruppen ausgeübt wurde. Man fischte mit Reusen oder

Gegenüber oben: Segelschiff, Wandgemälde aus einem thebanischen Grab, ca. 2250 v. Chr.

Gegenüber unten: Viehtransport per Schiff. Wandgemälde aus einem thebanischen Grab.

Ganz oben rechts: In alten Zeiten war der Nil die natürliche Heimat des Nilpferds. Auch wenn das Tier mit Göttern assoziiert wurde, jagte man es mit Harpunen.

Oben: Modell eines Bestattungsboots, das Verstorbene auf ihrer letzten Reise auf dem Nil zu ihrer Grabstätte brachte, ca. 1900 v. Chr. (Britisches Museum, London).

Rechts: Statue aus schwarzem Granit. Sie stellt Hapi, den Gott des fruchtbringenden Nils, dar (Britisches Museum, London).

zwischen zwei Booten mit dem Schleppnetz. Einige Fische waren jedoch die heiligen Tiere bestimmter lokaler Distrikte, sodass ihr Verzehr dort verboten war. Die Ägypter waren wahrscheinlich die Ersten, die das Fischen auch als Sport betrieben. Eine überlieferte Zeichnung stellt einen Adligen dar, der mit Angelrute und Leine fischt. Das Harpunieren und die Vogeljagd mit dem Wurfholz galten unter Wohlhabenden als beliebte Sportart.

Der Nil bildete auch den natürlichen Lebensraum des Nilpferds und des Krokodils, und obwohl beide mit Göttern assoziiert wurden, machte man mit der Harpune Jagd auf das Nilpferd. Der Tempel in Kom Ombo war dem Krokodilgott Sobek geweiht, und es ist überliefert, dass im Jahr 10 v. Chr. ägyptische Priester am Moeris-See ein heiliges Krokodil hielten, das sie mit Kuchen und Honigwein fütterten und zähmten. Heute haben sich Nilpferde und Krokodile weiter in den Süden, tief in den Sudan, zurückgezogen.

Ein weiteres Geschenk des Flusses war die Papyruspflanze. Die Staude wurde bis zu drei Meter hoch und wuchs vor allem in den üppigen Sumpfdickichten des Deltas. Die Papyrusstängel waren das Rohmaterial der ägyptischen Papierherstellung. Zur Gewinnung von Papyrus-Schreibmaterial schnitt man dünne Streifen aus dem Stängelmark der Pflanze. Diese Streifen wurden in doppelter Schicht kreuzweise auf einen flachen Stein gelegt und durch Schlagen mit einem Hammer zerquetscht. Durch den austretenden Saft wurden die Streifen

Gegenüber: Dieser Papyrus zeigt, wie Flachs geerntet wird, den man zur Leinenherstellung verwendete, ca. 1350 v. Chr. (Britisches Museum, London).

Rechts: Reisebroschüren aus den 1920er-Jahren. Da sich die wichtigsten alten Stätten vom Fluss aus erreichen lassen, ist eine Nilkreuzfahrt die leichteste und luxuriöseste Art, Ägypten zu bereisen.

Unten: Malerei auf Papyrus mit der Darstellung einer aus einem Papyrusdickicht hervortretenden Kuh. Die Papyruspflanze erreichte eine Höhe von bis zu drei Metern (Britisches Museum, London).

Gegenüber: Eine Frau mit einer Papyrusdolde – die klassische Blütenpflanze und das Emblem Unterägyptens.

Rechts: Ein Pharao mit einem Strauß heiliger Lotosblüten, Symbol der Wiedergeburt und Emblem Oberägyptens.

zu einer Schicht verklebt, die dann ausgerollt, beschnitten und poliert und mit weiteren Papyrusstücken zu einer Rolle zusammengeleimt wurde. Bekanntlich haben die Ägypter bereits zur Zeit der 1. Dynastie (ca. 3100 v. Chr.) Papyrus verwendet. Die Papyrusstaude wurde in späterer Zeit zu einem teuren Regierungsmonopol, und ihr Anbau schließlich auf eine einzige Region beschränkt.

Der griechische Geschichtsschreiber Herodot behauptete, dass der erste Pharao Menes die Ebene von Memphis trockenlegen ließ, um dort eine neue Hauptstadt zu errichten, wodurch er den Lauf des Nils veränderte. Es gibt auch Belege für ein in der Region von Fayum konstruiertes gewaltiges Reservoir von 100 Quadratkilometern, das riesige Deiche und Schleusen hatte. Im 20. Jahrhundert hat der zwischen 1960 und 1970 gebaute Assuan-Staudamm mit seinem eigenen gewaltigen Reservoir dem traditionellen Zyklus der Nilüberschwemmungen ein Ende bereitet. Der große Nassersee, der hinter den Mauern des Assuan-Hochdamms gestaut wurde, verschlang ganze Dörfer und machte die Umsiedlung Zehntausender Bewohner erforderlich. Viele bedeutende Altertümer sind verloren gegangen, aber über 20 Monumente konnten mit internationaler Hilfe gerettet werden. So wurde der Tempel von Abu Simbel in einer eindrucksvollen Aktion ab- und oberhalb des Sees wieder aufgebaut. Auch die Tempel von Philae wurden Stein für Stein auf einer nahen Insel vor dem Stausee in Sicherheit gebracht.

KAPITEL ACHT

Die Hieroglyphen

Im Laufe ihrer Entwicklung wurde die Hieroglyphenschrift zu einer Kombination von Piktogrammen (Bildzeichen), Ideogrammen (Zeichen, die assoziativ erschlossen werden) und Phonogrammen (Ein-, Zwei- oder Dreikonsonantenzeichen, die Laute ausdrücken). Eine nur auf Bildzeichen gestützte Schrift wäre unpraktisch, da ein vollständiges Vokabular Tausende von Zeichen erfordern würde. Es wäre schwierig, Dinge auszudrücken, die sich schwer abbilden lassen, und das war wahrscheinlich der Grund, warum Zeichen mit einem Lautwert (Phonogramme) sich als ebenso notwendig erwiesen wie solche, die für Dinge und Begriffe standen. Die reinen Bildzeichen standen zur Präzisierung eines Wortes oft an dessen Ende, was wegen des Fehlens einer Interpunktion sehr nützlich für das Verständnis ist.

Altägyptisch ist die zweitälteste dokumentierte Sprache nach dem Sumerischen. Die frühesten erhaltenen Hieroglyphen stammen aus der Zeit um 3100 v. Chr., während die zeitlich jüngsten fast 3500 Jahre später entstanden (ca. 394 n. Chr.). Man könnte behaupten, dass die geschriebene ägyptische Sprache in ihrer Gesamtheit nahezu 5000 Jahre lang erhalten geblieben ist, da ihre letztgültige Form noch heute im koptischen Gottesdienst Anwendung findet. Einige altägyptische Wörter sind sogar in den modernen europäischen Wortschatz eingegangen (z. B. Oase).

Die Ägyptologen benennen fünf Entwicklungsphasen der Sprache: die alte (ca. 2650–2135 v. Chr.), die mittlere (ca. 2135–1785 v. Chr.) und die neue (ca. 1550–700 v. Chr.), die demotische (ca. 700 v. Chr.–500 n. Chr.) und schließlich die koptische, die vom 3. Jahrhundert n. Chr. bis ins Mittelalter

Oben: Bemalte Kalkstein-Statuette eines königlichen Schreibers, ca. 1500 v. Chr. (Britisches Museum, London).

reichte und dann vom Arabischen als gesprochene Sprache verdrängt wurde.

Die Hieroglyphenschrift war ein hoch entwickeltes System, durch das selbst grammatikalische Formen ausgedrückt werden konnten. Die Zeichen können von rechts nach links und von links nach rechts sowie vertikal von oben nach unten gelesen werden, je nach der Komposition des Schriftbildes. Eine Inschrift wurde traditionell in Kolumnen angeordnet. Später wurde in horizontalen Linien, meist zur dargestellten Person hin ausgerichtet, geschrieben. Es gibt keine Wortzwischenräume oder Interpunktion, die den Fluss der Wörter unterbrechen. Die ägyptische Grammatik unterscheidet sich vollkommen von der europäischer Sprachen und lässt sich nicht auf eine Reihe von einfachen Regeln reduzieren. Es gibt über 6000 überlieferte Hieroglyphen, die man benutzte, deren Mehrzahl jedoch aus religiösen Gründen in der hellenistisch-römischen Spätzeit entwickelt wurde. Für den allgemeinen Sprachgebrauch wurden etwa 700 Zeichen verwendet, die über alle historischen Perioden hinweg in Gebrauch waren.

In der Hieroglyphenschrift gibt es keine Vokale. Ägyptologen setzen je nach Bedarf die Vokale „e“ und „a“ ein, um die Sprache verbal zu kommunizieren. Die Ägypter besaßen 24 Hieroglyphen für 24 Konsonanten, die in etwa den Lauten unseres modernen Alphabets entsprechen. Da sie aber keine

Unten: Papyrus mit einer Hymne an den Gott Re aus dem *Totenbuch*. Hieroglyphen wurden mit der Zeit fast ausschließlich für religiöse und magische Texte benutzt, ca. 1050 v. Chr. (Britisches Museum, London).

Unten: Der Stein von Rosette besteht aus drei parallelen Schriftbändern – in Hieroglyphenschrift oben, in demotischer Schrift in der Mitte und auf Griechisch unten. Es ist ein Dekret der Priester Ägyptens für den regierenden König Ptolemäus V. (Britisches Museum, London).

Hieroglyphenalphabet (Einkonsonantenzeichen)

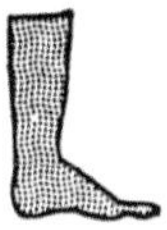	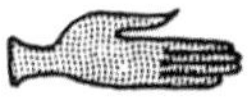		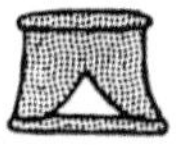	
B *Bein*	*D* *Hand*	*F* *Viper*	*G* *Krugständer*	*H* *Hof (Luftbild)*
	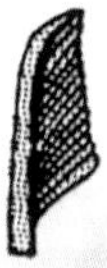	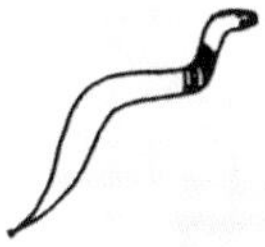		
H *Strick (wie ch ausgesprochen)*	*I* *Schilfblatt*	*DSCH* *Kobra*	*K* *Korb*	*M* *Eule*
	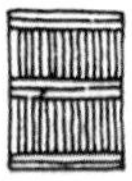			
N *Wasser*	*P* *Hocker*	*Q* *Sandböschung (K weit hinten im Gaumen)*	*R* *Mund*	*S* *gefalteter Stoff*

SCH *Teich*	*T* *Brotlaib*	*TSCH* *Seil*	*U, W* *Wachtelküken*	*Z* *Türriegel*

Das numerische System

Die Zahlen wurden mit sieben speziellen Zeichen geschrieben:

 1  10  100  1000  10 000  100 000  1 000 000

Wenn sie zusammengeschrieben wurden, um eine einzige Zahl auszudrücken, wurden die höheren Werte vor die niedrigeren gesetzt. Das Mehrfache einer Zahl wurde durch einfache Wiederholung des Zeichens angegeben:

7 = 

369 = 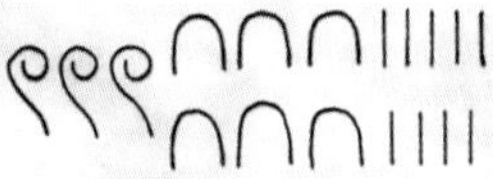

24 = 

142235 = 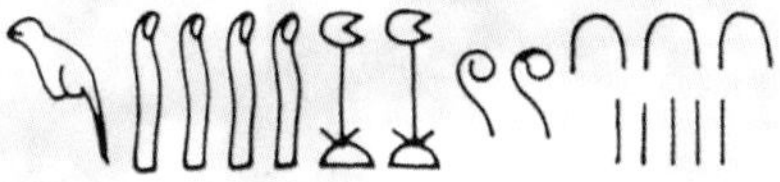

war mehr als nur ein Schreibsystem – die Ägypter nannten sie „heilige Schrift". Ebenso wie Kunstwerke besaßen Inschriften religiöse oder magische Bedeutung. Man glaubte, dass der Name eines Menschen in einer Hieroglypheninschrift seine einzigartige Identität verkörpere. Blieb die Statue namenlos, war der Dargestellte der Möglichkeit beraubt, im Jenseits sein gewohntes Leben weiterzuführen. Daher kam es vor, dass Königs- und Götternamen auf den Monumenten missliebiger Pharaonen von feindseligen Nachfolgern zerstört wurden. Ebenso konnte ein neuer Pharao existierende Inschriften und Statuen übernehmen, indem er seinen eigenen Namen einmeißeln ließ.

Hieroglyphen waren nicht zum schnellen Schreiben geeignet, daher wurden sie zu der fließenderen „hieratischen Schrift" weiterentwickelt, die sowohl für administrative und geschäftliche als auch für literarische, wissenschaftliche und religiöse Zwecke verwendet wurde. Mit ihr ließ sich besonders gut auf Papyrus oder Tafeln und Gefäßen aus Ton und Stein schreiben. Der Text wurde mit einem Pinsel oder einem zugespitzten Rohr mit schwarzer Tusche geschrieben, während rote Tusche manchmal zur Hervorhebung diente. Das Wort „hieratisch" entstammt dem griechischen *hieratika* für „priesterlich", und Priesterschrift wurde diese Schreibweise genannt, weil griechische Reisende, die Ägypten in der Spätzeit besuchten, diese Zeichen zuerst auf den Wänden der

Oben links: Bemalte Kalkstein-Statue eines Schreibers in traditioneller Haltung mit untergeschlagenen Beinen und einer auf seinem Schoß ausgebreiteten Papyrusrolle (Ägyptisches Museum, Kairo).

Unten: Zwei in Stein geschnittene Hieroglyphenzeichen: Binse, das Symbol Oberägyptens, und Biene, das Symbol Unterägyptens (Britisches Museum, London).

Vokale schrieben, haben sie nie ein vollständiges Alphabet entwickelt. Ägyptologen geben hieroglyphische Lautwerte durch unsere modernen Buchstaben wieder, um die entsprechende Aussprache zu ermöglichen, aber die Worte dürften ursprünglich anders geklungen haben. Dieses System des ägyptischen „Alphabets" wurde erst in hellenistisch-römischer Zeit auf ganze Worte übertragen, als man verschiedene Königsnamen in Hieroglyphen transkribierte. Einige Hieroglyphen sollen über das Protosinaitische, Phönizische, Griechische und Latein den Weg in unser Alphabet gefunden haben.

Hieroglyphen werden gewöhnlich mit Steininschriften in Verbindung gebracht, und tatsächlich ist das Wort selbst vom griechischen *ta hieroglyphica*, „heilige gemeißelte Zeichen", abgeleitet. Die Zeichen sind größtenteils erkennbare Bilder von natürlichen oder gefertigten Dingen. Die besten Inschriften besitzen eine große Linien- und Farbschönheit: Einige Kenner halten sie für die schönste je entworfene Schrift. Sie

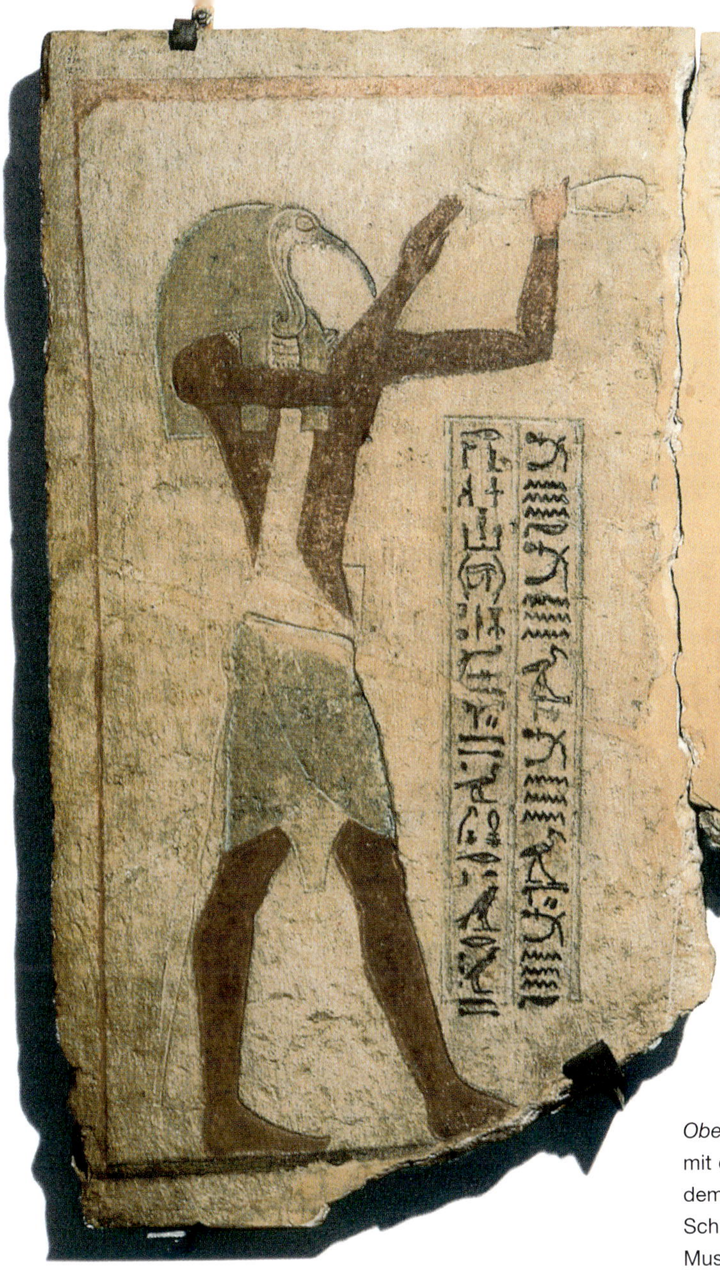

Oben: Bemaltes Kalksteinrelief mit der Darstellung von Thoth, dem ibisköpfigen Gott der Schreibkunst (Britisches Museum, London).

Unten links: Fayence-Buchdeckel, wahrscheinlich in der königlichen Bibliothek in el-Amarna ursprünglich auf einer Schachtel mit Papyri befestigt, ca. 1380 v. Chr. (Britisches Museum, London).

Unten: Kalksteintafel mit Hieroglypheninschrift nebst einem Hammer und Kupfermeißeln (Britisches Museum, London).

Tempel sahen. Sie wurde von der demotischen Schrift abgelöst. Der Name demotisch kommt von dem griechischen *demotika*, „volkstümlich“, und bezieht sich auf den alltäglichen Gebrauch dieser Schrift. Ab der Ptolemäerzeit wurde sie auch für literarische, wissenschaftliche und religiöse Texte verwendet.

Obwohl die Schriftkunst in der altägyptischen Gesellschaft eine bedeutende Rolle spielte, ist es eher unwahrscheinlich, dass Lese- und Schreibkenntnisse unter der Bevölkerung weitverbreitet waren. Das Schreiben und Lesen blieb einer gebildeten Elite von Mitgliedern der Königsfamilie, staatlichen Würdenträgern und Schreibern vorbehalten. Der professionelle Schreiber nahm in der zivilen, militärischen und religiösen Verwaltung eine zentrale Stellung ein. Wenn ein des Schreibens Unkundiger ein Dokument zu lesen oder zu schreiben hatte, musste er für die Dienste eines Schreibers bezahlen. Gewöhnlich brauchte ein Schreiber an die zwölf Jahre, um die Schreibkunst zu erlernen und die etwa 700 im Neuen Reich gebräuchlichen Hieroglyphen zu meistern. Sein Studium begann im Alter von vier Jahren. Viele altägyptische Schulübungen sind überliefert – sogar mit den Korrekturen des Lehrers.

In der römischen und christlichen Epoche Ägyptens entwickelte sich die koptische Schrift, während die anderen einheimischen langsam in Vergessenheit gerieten. „Koptisch“ ist von dem arabischen Wort *gubti* abgeleitet, eine Abwandlung des griechischen Wortes für Ägypten. Es wurde im 7. Jahrhundert von den Arabern als Bezeichnung für die einheimischen Bewohner des Landes verwendet. Die koptische Schrift besteht aus 24 Buchstaben des griechischen Alphabets, kombiniert mit sechs demotischen Zeichen. Die Entwicklung dieses standardisierten Alphabets, das im 4. Jahrhundert n. Chr. etabliert war, steht in enger Verbindung mit der Verbreitung des Christentums in Ägypten. In seiner frühesten Form wurde das Koptische für magische volkstümliche Texte benutzt und war keineswegs zur Übersetzung der Evangelien gedacht.

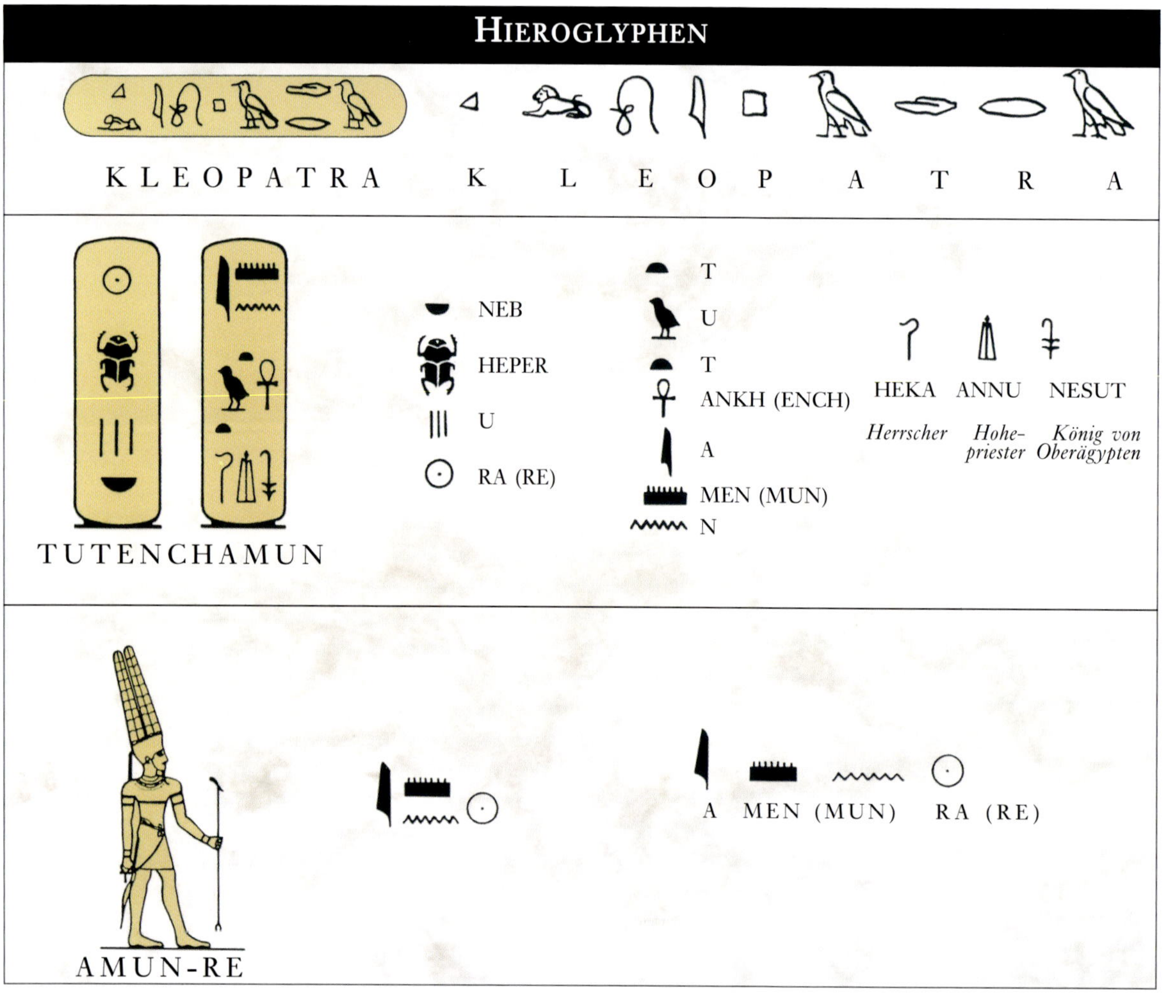

Gegenüber oben:
Bemaltes Kalksteinrelief mit den Inschriften von Namen und Titeln verschiedener Pharaonen (Britisches Museum, London).

Gegenüber links:
Papyrus mit mathematischen Aufgaben und Lösungen, ca. 1570 v. Chr. (Britisches Museum, London).

Gegenüber rechts:
Hockerstatue aus Granit. Diese typische blockartige Form war mit ihren großen Flächen für lange Inschriften besonders geeignet (Britisches Museum, London).

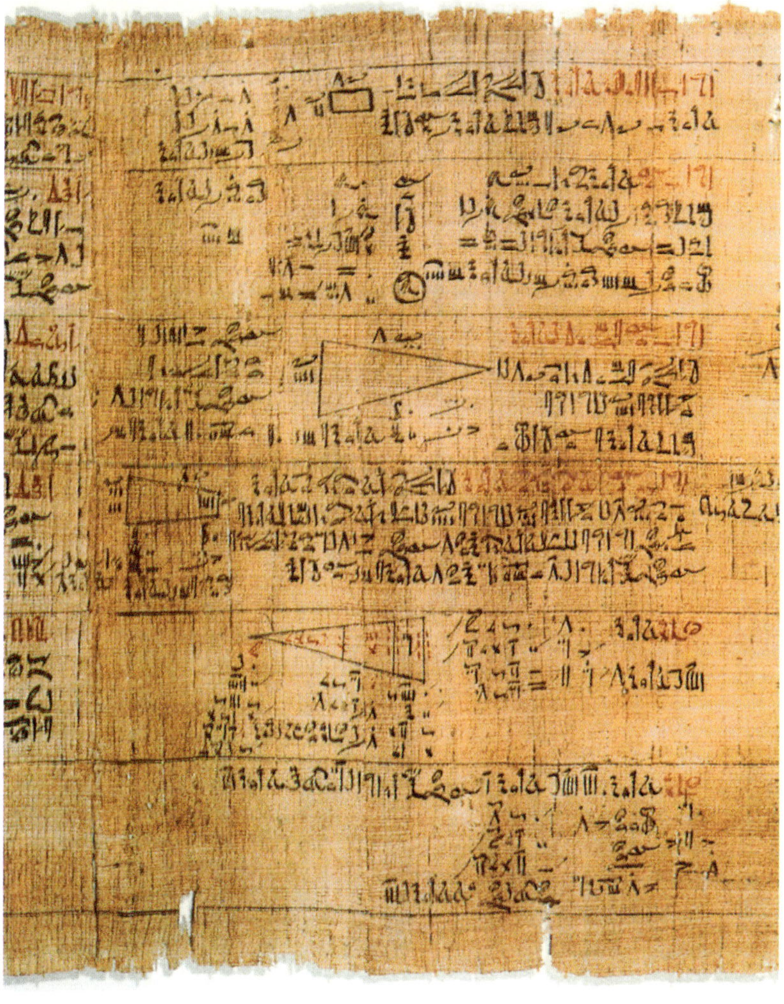

Gegenüber: Kopie eines Tempelreliefs aus Abydos mit der typischen ausgewogenen Komposition von Figuren und Hieroglyphen.

Oben: Fayence-Amulett, nach der Hieroglyphe des heiligen Auges von Horus gestaltet (Britisches Museum, London).

Rechts: Isis begrüßt Ramses III. und seinen Sohn. Wandgemälde aus einem thebanischen Grab, ca. 1150 v. Chr. Hier erscheint die in Kolumnen angeordnete Hieroglyphenschrift in einer bildlichen Darstellung.

Oben: Fayence-Amulett nach der Falken-Hieroglyphe (Britisches Museum, London).

Da es noch im koptischen Gottesdienst gesprochen wird, glauben einige Wissenschaftler, es könnte trotz der zeitlichen Distanz den Schlüssel zur Aussprache der altägyptischen Sprache liefern.

Die Kunst, Hieroglyphen zu lesen, war jahrhundertelang in Vergessenheit geraten, bis dem Franzosen Jean-François Champollion (1790–1832) als Erstem gelang, sie vollständig zu entziffern. Der wichtigste Schlüssel zu dieser vergessenen Schrift war der 1799 entdeckte berühmte Stein von Rosette, in den ein zweisprachiger Text eingemeißelt war. Es handelte sich um ein Dekret des Rates der ägyptischen Priester für Ptolemäus V., das in Altgriechisch (einer bekannten Sprache) und zwei altägyptischen Schriften, der demotischen und der Hieroglyphenschrift, abgefasst war. Diese Inschriften verglich er miteinander und mit anderen Hieroglypheninschriften. Auf der Grundlage seiner ausgezeichneten Kenntnis des Koptischen und seiner unermüdlichen Recherchen konnte er nicht nur einige der Buchstaben des Hieroglyphenalphabets ausmachen, sondern auch eine Reihe anderer Hieroglyphen aus Königskartuschen. Es gelang ihm, 79 verschiedene Königsnamen zu entziffern und aus diesen einen Buchstaben nach dem anderen zu erkennen und aufzulisten. Unter Verwendung des „Alphabets“ aus allen entdeckten Buchstaben war es ihm möglich, Worte zu identifizieren. Nachdem Champollion den Aufbau der Sprache erfasst hatte, stellte er in nur zwei Jahren ein Wörterbuch und eine Grammatik zusammen. Obwohl die Entzifferung von Königsnamen den Schlüssel zur Schrift lieferte, hätte sich ihm die ägyptische Sprache nicht ohne die Hilfe des Koptischen erschlossen. Nur dadurch konnte er die phonetischen Werte bestimmter Hieroglyphenzeichen erarbeiten, während der griechische Text ihm half, die Bildzeichen zu identifizieren.

Mit der Kenntnis der Sprache sind nun zahllose überlieferte altägyptische Schriften zu lesen. Zu den erhaltenen Texten gehört auch die sogenannte Weisheitsliteratur. Sie umfasst oft moralische Regeln in Form mahnender Worte und zeigt eine differenzierte Denkungsart. Doch neben religiöser Literatur und geschäftlichen Dokumenten behandeln die altägyptischen Schriften auch so unterschiedliche Themen wie Lyrik, Medizin und Mathematik.

Unten: Die hieratische Schrift aus dem *Great Harris Papyrus*, dem längsten bekannten Papyrus (Britisches Museum, London).

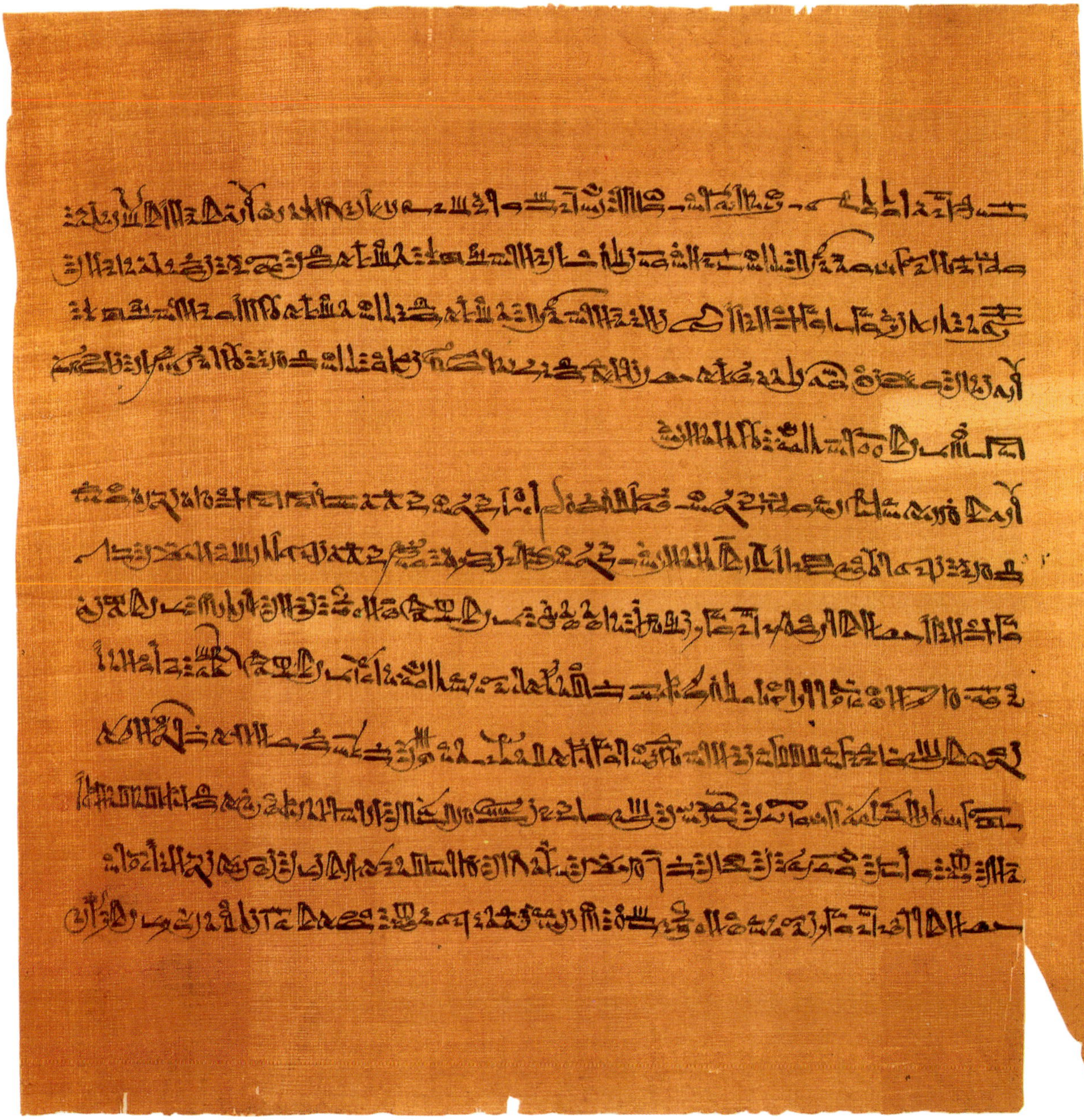

Oben: Auf einen Sarg aus dem Mittleren Reich aufgemalte Hieroglyphen (Britisches Museum, London).

Unten: Der Papyrus des Schreibers Ani, eines der schönsten Beispiele des ägyptischen *Totenbuchs* (Britisches Museum, London).

KAPITEL NEUN

Der Einfluss Altägyptens

Gewaltige Monumente und faszinierende Artefakte sind heute die sichtbaren Zeugen von Ägyptens ruhmreicher Vergangenheit. Doch haben auch viele unsichtbare Aspekte unserer modernen Zivilisation ihren Ursprung in Altägypten. Das Gedankengut der Ägypter wurde von den Griechen und Römern nach Europa getragen. Sie waren von den Errungenschaften einer Zivilisation, die so viel älter war als ihre eigene, beeindruckt und übernahmen vieles in ihre eigene Kultur. Vom Mittelalter an rückte das alte Ägypten zunehmend in die Ferne, verlor aber nichts von seiner Rätselhaftigkeit und Faszination. Kein Wunder also, dass es bald wieder zu einem mächtigen Vehikel für Sehnsucht und Wirklichkeitsflucht wurde und sowohl die bildende Kunst als auch Liebes- und Kriminalromane, Science-Fiction, Horrorfilme und epische Streifen inspirierte. Darüber hinaus versuchten einige Forscher, einem verborgenen oder geheimen Wissen der alten Ägypter auf die Spur zu kommen, und entwickelten beispielsweise komplexe Theorien zu Konstruktion und Zweck der Pyramiden. Die alten Ägypter selbst haben sich nie bemüht, ihre Kultur und Religion zu verbreiten.

Es war der Handel, der dazu beitrug, die ägyptische Kultur in der ganzen antiken Welt zu verbreiten. Die Ägypter benötigten Holz, Metalle und Halbedelsteine, während ihr Monopol auf afrikanische Produkte zahlreiche Fremde anzog. Ideen und technische Kenntnisse reisten in Begleitung der Güter mit. Der kulturelle Austausch zwischen Afrika, Asien und den Ländern am Mittelmeer verstärkte sich während verschiedener Phasen der Invasion und Eroberung. Die Phönizier, die

seefahrende Händler waren, übernahmen viele architektonische und künstlerische Elemente Ägyptens und verbreiteten sie durch den Mittelmeerraum bis nach Griechenland.

Frühe griechische Schriftsteller, die selbst nach Ägypten reisten, erkannten den Einfluss Ägyptens auf die griechische Architektur und Kunst an. Griechische Skulpturen aus der archaischen Zeit reflektieren sowohl die Haltung als auch die Proportionen der ägyptischen Statuen. Vor Sokrates kamen Anhänger des Pythagoras nach Ägypten, um ihre Studien der Geometrie, Astronomie und Theologie zu vervollständigen, und auch die ägyptische Erzählkunst übte einen wichtigen Einfluss auf die Entwicklung der hellenistischen Literatur aus. Zudem lassen sich einige Aspekte der antiken griechischen Religion bis nach Ägypten zurückverfolgen. Die Griechen ließen sich von der ägyptischen Heilkunst inspirieren, und bei den Hethitern und den Persern waren Ärzte aus Ägypten beschäftigt.

Wissenschaftler haben die Entwicklung unseres Alphabets aus den Hieroglyphenzeichen zu erklären versucht, und auch gewisse Aspekte der ägyptischen Rechtsprechung mögen auf uns gekommen sein. Aber das wohl größte Geschenk der alten Ägypter an die Menschheit ist ihr Kalender, der von

Gegenüber: Alethe – Aufseherin der heiligen Ibisse im Tempel der Isis von Edwin Longsden Long (1829–1891). Ölgemälde dieser Art aus dem 19. Jahrhundert zeichnen ein idealistisches und romantisches Bild von Altägypten.

Oben: Israel in Ägypten von Sir Edward Poynter (1836–1919).

Rechts: Die Auffindung des Mosesknaben von Sir Lawrence Alma Tadema (1836–1912). Biblische Themen lieferten den Künstlern einen Vorwand für fantastische Visionen über das alte Ägypten.

den Römern übernommen wurde und die Grundlage unseres gregorianischen Kalenders bildet.

Nach der Eroberung Ägyptens integrierten die Römer, wie die Griechen vor ihnen, viele religiöse Vorstellungen der Ägypter in ihre eigene Gedankenwelt. Sie übernahmen ägyptische Bestattungsrituale, entwickelten eine ausgeklügelte Technik der Einbalsamierung und einen besonderen Stil des Mumienporträts und verehrten viele ägyptische Götter, obwohl sie deren wahre Natur häufig missverstanden. Die Römer importierten zahlreiche ägyptische Statuen, nach denen sie Kopien und sogar Fälschungen anfertigten. Obelisken standen im Tempel der Isis und in den Zirkusarenen von Rom. Da Rom zum Zentrum der antiken und christlichen Welt aufstieg, hatte die römische Übernahme ägyptischer Formen großen Einfluss auf die Akzeptanz Altägyptens durch das übrige Europa. Das Wissen, das an das Europa des Mittelalters und der Renaissance weitergegeben wurde, wurde weitgehend durch das Interesse bestimmt, das spätantike und byzantinische Gelehrte ihm entgegenbrachten.

Für viele Christen bot die Bibel über Jahrhunderte hinweg den einzigen Zugang zum alten Ägypten, der allerdings unvermeidlich von Vorurteilen gefärbt war. Das Alte Testament

Gegenüber: Die gut erhaltene Mumie Ramses' III., die vielen Horrorfilmen als Vorbild diente.

Rechts: Bronzefigur des Gottes Horus als römischer Soldat. Die Römer übernahmen viele ägyptische Götter, ohne deren ursprüngliche religiöse Funktion ganz zu erfassen (Britisches Museum, London).

Unten: Sandsturm in der Wüste von David Roberts (1796–1864), der Ägypten 1839 bereiste. Er zeichnete viele Monumente, und seine Arbeiten wurden in einer berühmten Lithografieserie veröffentlicht.

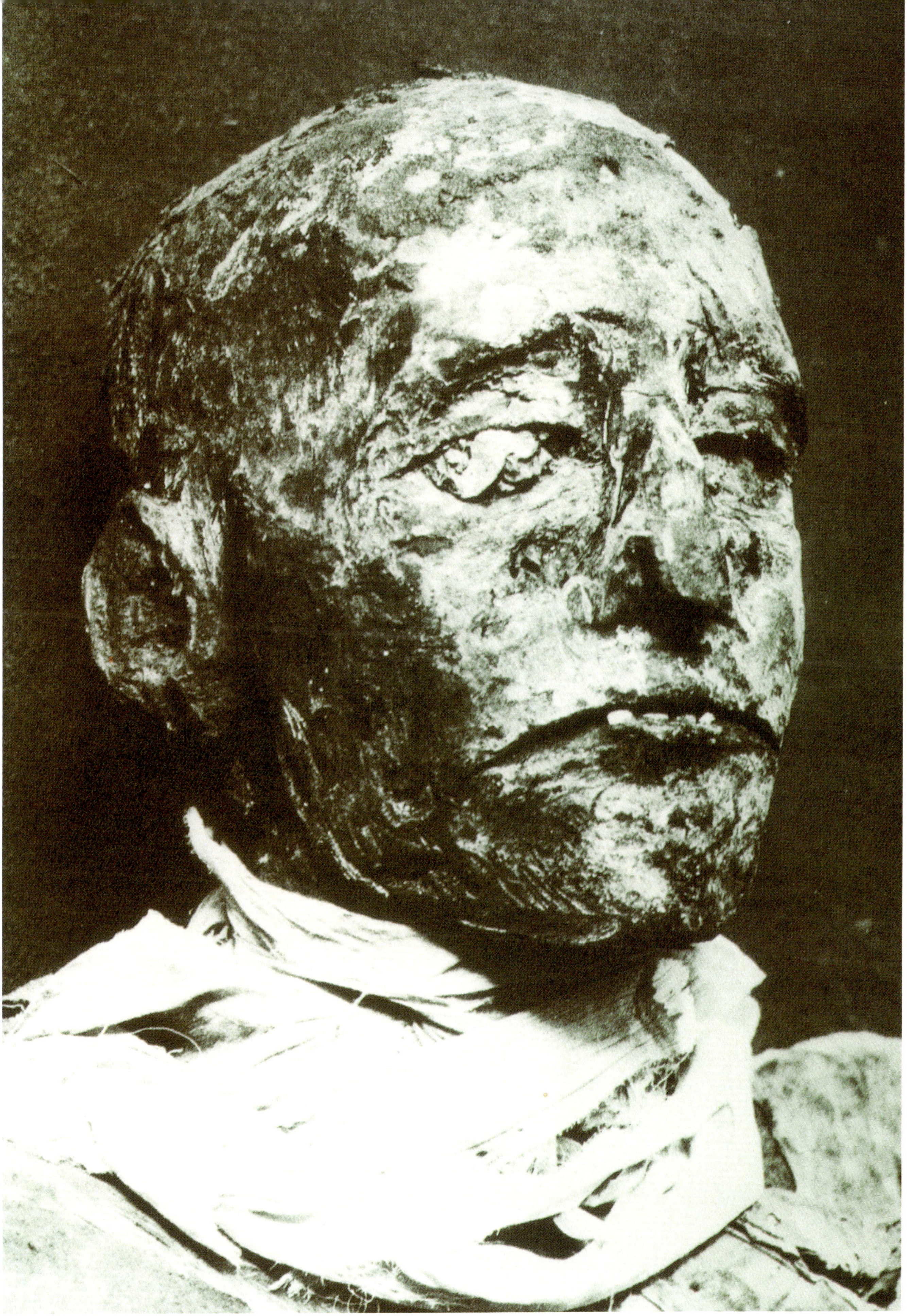

stellt Altägypten als einen mächtigen heidnischen Staat dar, der ein schwächeres und devotes Nomadenvolk beherrscht. Wie viele andere Völker wurden auch die Juden von Ägypten als dem Land der Fülle angezogen, und als sie es verließen, nahmen sie auch das ägyptische Gedankengut mit sich. Ägyptische Hymnen und Weisheitsliteratur waren seit dem Neuen Reich in Kanaan bekannt, und ihr Einfluss auf einige Passagen im Alten Testament ist unbestritten.

Man sagt, dass die christliche Religion viele Bräuche und eine Bildersprache enthalte, deren Wurzeln im heidnischen Ägypten liegen. Das ist durchaus plausibel, da während der Entwicklungsjahre des Christentums die von den Römern ererbten religiösen Rituale bereits von ägyptischen Traditionen durchzogen waren. Als das mächtige Römische Reich die neue christliche Religion offiziell akzeptierte, übernahm es gleichzeitig viele bestehende Konzepte und Bilder. Insbesondere der Isiskult, der im frühen Römischen Reich so stark präsent war, könnte durch die vielen Darstellungen der Isis mit dem kleinen Horus an ihrer Brust einen bildlichen Prototyp der Jungfrau mit dem Jesuskind geliefert haben. Es ist bezeugt, dass eine originale alte Statue der Isis bis ins 16. Jahrhundert in einer französischen Kirche überdauerte. Die volkstümliche Darstellung des über wilde Tiere triumphierenden Christus hatte eine verblüffende Ähnlichkeit mit dem Bild des über das Krokodil siegenden Horus. Viele ähnliche Parallelen lassen sich zwischen der Darstellung christlicher Heiliger und ägyptischer Götter ziehen, während sakrale Attribute wie der Heiligenschein, der Krummstab und die Vorstellung von Engeln in Gestalt geflügelter männlicher Gestalten ägyptische Vorläufer besitzen. Das Kreuz, das christliche Symbol schlechthin, wurde auf frühen koptischen Monumenten als das ägyptische Ankh-Zeichen des Lebens dargestellt und ist immer noch deutlich auf mittelalterlichen Grabsteinen im Balkan zu sehen. Viele unterschwellig vorhandene ägyptische Elemente vermittelten wohl die Bischöfe von Ägypten durch frühe Kirchenkonzile.

Die ägyptische Literatur hat auch viele berühmte orientalische Volksmärchen wie *Sindbad der Seefahrer* oder *Ali Baba und die vierzig Räuber* beeinflusst, während im modernen Ägypten und dem übrigen Afrika zahlreiche alte Ausdrücke und Redensarten erhalten blieben. Bestimmte altägyptische Techniken und Gebräuche haben bei den zentralafrikanischen Völkern überdauert, wahrscheinlich über das spätere äthio-

Gegenüber: Kerzenhalter aus bemalter Bronze im ägyptisierenden Stil, 19. Jahrhundert.

Oben links: Farbiges Fresko in einer koptischen Kirche. Die frühchristliche Kirche in Ägypten hat aus dem alten „heidnischen" Erbe viele Elemente entliehen, und die altägyptische Sprache ist in ihren Gottesdiensten immer noch lebendig.

Links: Mumie eines römischen Knaben. Die Römer übernahmen die Begräbnisriten der einheimischen Ägypter und fügten den Mumien naturalistische Porträts hinzu.

pische Königreich von Meroe. Im modernen Ägypten haben ungeachtet der einflussreichen islamischen Kultur viele uralte Sitten und Gebräuche überlebt. Auf dem Land ist immer noch der *schaduf*, ein Wasserhebegrät, in Gebrauch, um die Felder zu bewässern, und viele Aspekte des Dorflebens sind erhalten geblieben. Manche Grenzlinien blieben ebenso wie einige alte Ortsnamen unverändert. In Luxor wird zu Ehren eines islamischen Heiligen eine Barke getragen wie einst zu Ehren des Gottes Amun. Viel Aberglauben lebt ebenfalls weiter, so etwa das Opfern von Speisen und das Verbrennen von Weihrauch für verstorbene Verwandte. Auch fürchtet man den „bösen Blick" und trägt schützende Amulette.

Altägypten ist für Mystiker und Anhänger des Okkulten eine Quelle der Inspiration geblieben. Der hermetische Glaube stammte wahrscheinlich ebenso wie Alchemie und Astrologie aus Alexandria, das zu einem großen Kultur- und Handelszentrum der alten Welt wurde. Hier verschmolzen viele altägyptische und griechische Glaubensinhalte sowie Gedankenwelten aus Nahost miteinander. Hermetische Schriften machten die Auffassung populär, dass die Ägypter im Besitz der wahren und reinen Weisheit seien. Obwohl die Astrologie – wahrscheinlich aus Westasien kommend – spät in der ägyptischen Geschichte auftrat, hinterließen die Ägypter viele Darstellungen der Gestirnkonstellationen und -bahnen sowie Himmelskarten, die von den Mystikern fälschlich für Tierkreiszeichen gehalten wurden. Die Ägypter besaßen durchaus ein System, günstige und ungünstige Einflüsse des Tages zu bestimmen, die jedoch in keiner Verbindung mit den zwölf Tierkreiszeichen standen. Der glückliche oder unglückliche Charakter des Tages wurde aus mythologischen Ereignissen erschlossen, die an diesen bestimmten Tagen stattgefunden hatten. In der ägyptischen Literatur wird auch von der magischen Bedeutung einiger Zahlen berichtet, die wohl Eingang in unsere eigene Meinung über Glücks- und Unglückszahlen gefunden hat.

Die älteste Erzählung über einen Zauberer findet sich in dem „Westcar"-Papyrus, der aus der Zeit um 1700 v. Chr. datiert. Heute geben sich viele Medien, Wahrsager und Handleser ägyptische Namen oder behaupten, die Reinkarnation eines ägyptischen Priesters oder einer Priesterin zu sein. Die seltsamen tierköpfigen Götter, die geheimnisvolle Hieroglyphenschrift, heilige Amulette und die Vorstellungen der alten Ägypter vom Totenreich und dem Jenseits liefern ausgezeichneten Stoff für Hellseher und mediale Schriftsteller.

Links: Porzellanteller aus dem 19. Jahrhundert, dekoriert mit Lotosblüten im ägyptisierenden Stil.

Gegenüber: Beim Füttern der heiligen Ibisvögel in den Hallen von Karnak von Sir Edward John Poynter (1836–1919): Stiche dieser Art machten den ägyptisierenden Stil populär.

A TREGLOWN & SONS
STUDIO TWO

Die Verbindung Altägyptens mit dem Okkulten fand weitere Nahrung durch Berichte vom „Fluch der Pharaonen", die weltweit auf offene Ohren stießen. Die erste Geistergeschichte über eine Mumie wurde 1699 in Frankreich geschrieben. Filme wie *Die Mumie* oder *Drakula* und *Frankenstein* beweisen, dass sich das Thema bei Horrorfilmen weiterer Beliebtheit erfreut. Die Verbindung Altägyptens mit dem Okkulten gelangte publikumswirksam an die Öffentlichkeit, als die Presse behauptete, der sogenannte „Fluch Tutenchamuns" sei verantwortlich für den Tod Lord Carnarvons. Carnarvon, der Sponsor der Expedition, der häufig kränkelte, starb kurz nach der Entdeckung des Grabes an einem infizierten Moskitostich. Dabei wurde gern übersehen, dass der verantwortliche Ausgräber, Howard Carter, weit über 60 Jahre alt wurde. Die *Times* hatte die Exklusivrechte der Berichterstattung über die Entdeckung des Grabes erhalten, und die Konkurrenzblätter, die keine Story hatten, fühlten sich gezwungen, eine zu erfinden. So wurde der Mythos vom „Fluch der Pharaonen" in die Welt gesetzt.

Neben seinem Einfluss auf die okkulte Lehre inspirierte das alte Ägypten die westliche Kunst der romantischen Epoche mit ihrer Leidenschaft für Mythologien und Exotisches. Im 19. Jahrhundert schufen etliche europäische Maler einige höchst fantasievolle Rekonstruktionen Altägyptens. Das geschah zweifellos als Reaktion auf die damals herrschende Vorliebe für Themen aus dem Orient. Um diese einzufangen, bereisten viele Künstler die islamische Welt. Die Sujets ihrer Gemälde enthielten Araber mit malerischen Turbanen, quirlige Basare, Kamele, Palmen und anzügliche Haremsszenen. Die Pyramiden und antiken Ruinen Ägyptens waren Teil dieser romantischen Idealvorstellungen und wurden oft in übertriebenen Perspektiven mit dramatischen Sonnenuntergängen dargestellt. Diese Elemente des Fantastischen, Exotischen und Erotischen waren untrennbar mit den fantastischen Visionen vieler Künstler über Altägypten verbunden. In ihrer akribischen Liebe zum Detail spiegeln sich die Ideale zeitgenössischer Orientalisten und der Präraffaeliten wider. Viele Künstler haben Museen besucht, um die originalen alten

Oben: Silbernes Salzfass, um 1840, im ägyptisierenden Stil dekoriert.

Gegenüber: Das „ägyptische Haus" in Penzance, England. In den 1830er-Jahren erbaut, verkörpert dieses Bauwerk den ägyptisierenden Stil in der Architektur.

Rechts: Kolossales Flachrelief eines modernen DIY-Centre in Kensington, London, das die Vorliebe für die ägyptisierende Architektur in den 1990er-Jahren reflektiert.

Artefakte genau zu studieren. Auch die Bibel lieferte altägyptische Themen für häufig recht sentimentale und melodramatische Gemälde, die durch Stiche in zeitgenössischen Familienbibeln und Kinderkatechismen volkstümlich wurden.

In den dekorativen Künsten und in der Architektur lieferten altägyptische Motive eine Variante zur repräsentativen Kunst des Klassizismus. Dieser Stil, der oft als „Wiederbelebung der altägyptischen Kunst“ bezeichnet wird, befand sich in Frankreich und England um 1800 auf seinem Höhepunkt, gefördert durch den Ägyptenfeldzug Napoleons 1798. Doch wurden die ägyptischen Elemente stilisiert, um dem zeitgenössischen Geschmack zu entsprechen, und die Figuren nahmen eine rundere Form an, die an den antiken griechisch-römisch-ägyptischen Stil erinnert. „Ägyptisierende Formgebung“ war bei englischen und französischen Möbeln des Regency- und des Empire-Stils sowie bei Uhren, Kandelabern und Porzellan in Mode. Diese Mischung aus ägyptischen und klassischen Formen wurde auch auf Bauwerke wie Wohnhäuser, Gerichtsgebäude und Mühlen sowie Friedhöfe angewandt. In den 1850er-Jahren zeigte die ägyptische Abteilung auf der Weltausstellung in London, dass Altägypten mit seinen Altertümern genau den Geschmack des viktorianischen Publikums für das Ornamentale und Dekorative traf.

Im 20. Jahrhundert erscheint die künstlerische Auseinandersetzung mit dem alten Ägypten „moderner“, dabei weniger überladen und detailliert. Der erhabene, weiträumige und geometrische Charakter der ägyptischen Formen entsprach dem modernen Geschmack. Die Entdeckung von Tutenchamuns Grab in den 1920er-Jahren war von großem Einfluss auf die neue Art-déco-Bewegung. Viele ägyptische Formen wurden stilisiert und in die zeitgenössische Architektur, in Möbel, Skulptur und Grafik miteinbezogen. Altägypten hatte auch einen großen Einfluss auf die von Hollywood ausgehende neu gegründete Filmindustrie. Das Design vieler Kinofassaden war von ägyptischer Tempelarchitektur inspiriert. Altägyptische Themen lieferten das perfekte Vehikel für Filmepen wie *Land der Pharaonen*, *Die Zehn Gebote* und *Kleopatra*. Diese überwältigende Vision von Ägyptens einstigem Glanz wird auch in der Oper mit Verdis *Aida* eingefangen.

Moderne Künstler lassen sich weiterhin vom alten Ägypten inspirieren, und Künstler wie Pablo Picasso und Henry Moore erkannten Ägyptens Einfluss auf die Entwicklung ihres Schaffens an. In letzter Zeit haben die Architekten neuerliches Interesse an Ägypten bekundet – so spielen etwa Pyramidenformen wieder eine Rolle als elegantes Beiwerk und Blickfang für Bauwerke. Der ägyptische Stil ist so alt, dass er schon wieder modern erscheint, und während wir in die Zukunft schreiten, bleibt die Erforschung von Zivilisationen der fernen Vergangenheit weiterhin relevant.

Gegenüber: Eine Bronzestatuette des Gottes Amun Re aus der griechischen Zeit Ägyptens zeigt, wie wenig die ägyptische Formensprache von späteren Kulturen verstanden wurde (Britisches Museum, London).

Oben: Verdis Oper *Aida* kommt weiterhin als opulentes Spektakel auf die Bühne und verewigt den Mythos vom alten Glanz Ägyptens.

Rechts: Ein Maskottchen in Gestalt eines Sphinx von einem Auto der 1920er-Jahre spiegelt die Volkstümlichkeit ägyptischer Motive als Folge der Entdeckung von Tutenchamuns Grab.

Register

Bildnachweis

Der Autor möchte vor allem seinen Kollegen im Britischen Museum, London, für ihre Unterstützung und Ermutigungen danken. Hier sind besonders Dr. Stephen Quirke und Peter Daniel zu erwähnen. Peter Daniel hat einen unschätzbaren Beitrag zur Illustration des Buches geleistet.

o=oben; u=unten; l=links; r=rechts
The Bridgeman Art Library: Seite 99 o, 99 ur.
Courtesy of the British Museum: Seite 55 o Mitte, 54, 56, 61 o, 63. Peter Daniel: Seite 21 o, 21 u, 25, 27, 28 o, 28 u, 30, 34 o, 34 u, 35 l, 35 r, 41 ol, 41 or, 41 ur, 44 ul, 44 ur, 44, 48 ol, 48 or, 49 o, 49 u, 51 ol, 51 or, 51 ur, 53 l, 53 ul, 53 u Mitte, 51 ur, 55 ul, 57 or, 58 o, 58 u, 59, 60, 60 u, 62 u, 64, 66, 67 ul, 67 ur, 68 ol, 68 or, 69 ul, 69 ol, 69 r Mitte, 70 o, 72, 73 ur, 73 o, 74 o, 75 r, 76, 77 o, 77 ur, 78 ul, 78 Mitte, 77 u, 80 ul, 81 ul, 83 u, 83 o, 86, 87, 90 ol, 90 ur, 91 ul, 91 o, 91 ur, 93, 95 ol, 95 ul, 96, 97, 100 or, 102 ur, 103, 104, 105, 107 ul, 108 ur, 109. Nina Davies: Seite 79 u, 79 o, 80 o, 80 ur, 84, 95 or. Werner Forman Archive: Seite 37, 40, 45. Kevin Jacobsen Promotions: Seite 108 o. Richard Kindersley: Seite 107 ur. James Putnam: Seite 26, 32, 39 ul, 39 ur, 46 o, 82, 85, 94. Russell-Cotes Art Gallery, Bournemouth: Seite 98. Dr Simon Stoddart/David Dunlop: Seite 18.

ICH WIDME DAS BUCH
MEINEM VATER C. S. PUTNAM